La collecte de preuves d'apprentissage et les portfolios : l'engagement des élèves dans le processus de documentation pédagogique

La collecte de preuves d'apprentissage et les portfolios : l'engagement des élèves dans le processus de documentation pédagogique

Anne Davies, Sandra Herbst et Brenda Augusta
Préface par Ann Sherman

connect2learning, Courtenay, C-B, Canada

Titre original : Collecting Evidence and Portfolios: Engaging Students in Pedagogical Documentation

© 2011 Texte : Anne Davies, Sandra Herbst, Brenda Augusta
© 2011 Conception graphique du livre : Building Connections Publishing Inc.

Imprimé et relié au Canada par Hignell Printing Limited
21 20 19   4 3 2

Catalogage avant publication de Bibliothèque et Archives Canada

Davies, Anne, 1955-
[Collecting evidence and portfolios. Français]
    La collecte de preuves d'apprentissage et les portfolios: l'engagement des élèves dans le processus de documentation pédagogique / Anne Davies, Sandra Herbst et Brenda Augusta

(Savoir ce qui est important ; 4)
Traduction de: Collecting evidence and portfolios.
Comprend des références bibliographiques.
ISBN 978-1-928092-09-4 (couverture souple)

    1. Enseignement primaire. 2. Enseignement axé sur l'apprenant.
3. Apprentissage basé sur l'enquête. 4. Enseignement réflexif.
5. Observation (Méthode d'enseignement). 6. Pédagogie critique.
I. Herbst, Sandra, 1970-, auteur II. Augusta, Brenda, auteur III. Titre.
IV. Titre: Collecting evidence and portfolios. Français

LB1139.23.D3914 2018   371.39   C2017-907754-6

Chargée de projet : Judith Hall-Patch
Éditrice : Sheree North
Conception graphique : Kelly Giordano, Cori Jones

Pour commander des exemplaires supplémentaires du livre, veuillez communiquer avec :

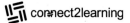 connect2learning

2449D Rosewall Crescent
Courtenay, C.-B.
V9N 8R9 Canada
Téléphone :
1–800–603–9888 (sans frais en Amérique du Nord)
1–250–703–2920
Télécopieur : 1-250-703-2921
Courriel : books@connect2learning.com

Nous offrons des tarifs dégressifs pour les achats en grande quantité.

Dans le présent ouvrage, le masculin est utilisé sans discrimination, dans le seul but d'alléger le texte.

Remerciements :
Nous tenons à remercier Karen Cross et Scott Horton pour leurs judicieuses questions et leurs suggestions réfléchies.

Table des matières

Comment les enseignants peuvent-ils utiliser les diverses collectes de preuves pour communiquer les apprentissages des élèves? /**85** Comment les enseignants peuvent-ils éviter la « frénésie » de portfolios? /**86** Ce sont de bonnes idées, mais comment les enseignants motivent-ils suffisamment les élèves pour qu'ils le fassent? /**87** Comment les enseignants utilisent-ils les portfolios et les diverses collectes de preuve de manière formative et sommative? Quel est le lien avec le bulletin scolaire? /**88** Comment les enseignants savent-ils s'ils recueillent les « bons éléments »? Et quand savent-ils qu'ils disposent de suffisamment de preuves d'apprentissage? /**89** Comment les enseignants aident-ils les élèves à sélectionner les « bons éléments »? /**90** Tous les enseignants de notre système scolaire, de la maternelle à la 12ᵉ année, ne devraient-ils pas faire ce travail et utiliser la même structure de portfolios? /**91** Qu'en est-il des élèves

Dédicace

J'aimerais dédier ce livre à ma sœur Elizabeth et à mes cinq frères, David, Bob, John, Phil et Norman. Vous avez été d'incroyables compagnons dans mon cheminement de vie : chacun d'entre vous est une bénédiction. Merci!

Anne Davies

À ma soeur unique, Lisa Schmidt. Comme l'a écrit C. Killigrew : « En toi mon âme possédera la sœur et l'amie combinées. »

Sandra Herbst

À ma mère, Marleen Muriel Byers, la source d'inspiration qui m'a permis de devenir enseignante.

Brenda Augusta

Préface

Quelle histoire ce portfolio racontera-t-il?

« L'évaluation est un phénomène social profondément humain et porteur de valeurs, et il ne pourrait en être autrement. En outre, pour tirer des conclusions valables à propos de l'apprentissage d'un enfant, un enseignant doit comprendre comment cet apprentissage a lieu » [traduction] (Johnston, 1997). En tant qu'enseignants, nous sommes mis au défi d'explorer de multiples moyens pour comprendre le parcours d'apprentissage de chaque élève et utiliser la documentation pédagogique et la collecte de preuves d'apprentissage *en partenariat* avec les élèves.

L'observation par l'enseignant, les projets, les tâches et d'autres moyens créatifs d'évaluation de la réussite des élèves font de plus en plus d'adeptes dans le contexte de la salle de classe. Bien que son utilisation ait parfois diminué dans certaines situations, l'un des outils pouvant s'avérer très efficace est le portfolio de l'élève. À titre de méthode de collecte de preuves d'apprentissage en vue de l'évaluation formative des élèves, le portfolio offre une richesse et une souplesse que peu d'autres stratégies peuvent fournir. Un portfolio permet aux élèves et à leur enseignant d'inclure bien plus que des éléments textuels. Les photographies d'événements et d'artefacts, les vidéos créées par les élèves ou l'enseignant, ou encore des enregistrements Vimeo d'une nouvelle langue ou d'un morceau de musique... les possibilités offertes par un portfolio ne sont limitées que par notre propre imagination.

Dans mon domaine actuel, à savoir la formation des enseignants à l'université, les portfolios restent un élément relativement répandu dans le cadre de nos cours. Un bon nombre de districts scolaires utilisent également des portfolios pour soutenir les processus d'épanouissement professionnel auprès des enseignants. Alors, pourquoi tant d'enseignants se privent-ils de l'utilisation de portfolios en tant qu'outil d'évaluation de leurs élèves?

L'une des explications pourrait résider dans le fait que les portfolios peuvent être vus comme une forme très « subjective » d'évaluation. Pour toute personne qui se sent mal à l'aise à l'idée de travailler sans grille de notation ni feuille de réponses, cela peut être un peu perturbant. Cela me ramène à la citation avec laquelle j'ai commencé cet avant-propos et la référence qu'elle fait à l'évaluation en tant que processus porteur de valeurs. Les qualités humaines déployées dans le cadre d'une évaluation réelle et formative exigent que nous développions, en tant qu'enseignants, le sentiment que nous sommes en mesure de trouver différentes manières de valoriser le travail de nos élèves. Parallèlement, il est essentiel de trouver des moyens qui permettent aux élèves de décrire leur propre pensée, leur propre compréhension ainsi que leur propre travail tout en apportant un jugement sur les qualités qui font de leur travail une preuve valide.

Par ailleurs, les enseignants doutent souvent eux-mêmes de l'objectif d'un portfolio et de son utilisation dans la salle de classe. Quels types de travaux dois-je rassembler? Dois-je décider moi-même des éléments à y inclure ou ce choix revient-il à mes élèves? À quelle fréquence devrions-nous ajouter des éléments dans le portfolio? Le processus conduisant à prendre ces décisions et à comprendre les différentes manières dont le portfolio peut raconter le récit du parcours d'apprentissage de chaque élève est un élément essentiel d'évaluation à l'aide d'un portfolio. Les portfolios ne consistent pas en une simple accumulation de travaux déjà terminés. L'objectif du portfolio déterminera le type d'histoire ou de récit que celui-ci consigne.

Ensemble, les élèves et les enseignants peuvent déterminer l'objectif du portfolio d'une manière qui illustre tant le processus que le produit.

Enfin, il y a la question de la manière dont le portfolio peut être utilisé au mieux pour évaluer l'apprentissage de l'élève. Au vu du caractère subjectif souvent attribué aux portfolios, de nombreux enseignants hésitent quant à la façon de mener des comparaisons et des évaluations d'après les preuves qu'ils contiennent. Pourtant, de nombreuses stratégies existent pour permettre aux enseignants d'utiliser le portfolio comme un moyen efficace d'aider les élèves à perfectionner leurs compétences métacognitives. Ces compétences améliorent l'apprentissage de l'élève, sa capacité à décrire cet apprentissage à autrui et la formulation de jugements quant à la manière dont son propre travail respecte les critères qui ont été établis dans la classe.

Les idées et les suggestions contenues dans ce livre de vous approprier ces facteurs et vous permettront utiliser les portfolios pour favoriser l'engagement des élèves dans le développement de leurs compétences et de leur compréhension. Les élèves recueillent des preuves pour démontrer et documenter leur pensée tout en formulant des jugements sur leur propre travail par rapport aux critères qu'ils ont eux-mêmes contribué à élaborer. Les portfolios représentent un moyen captivant et innovateur qui permet aux élèves de participer intimement au processus d'évaluation.

Différentes approches peuvent être adoptées pour créer des portfolios. Cependant, quelle que soit celle utilisée, les élèves seront en mesure de recueillir et de sélectionner des renseignements de façon réfléchie.

Dès le début de l'année scolaire, on demande aux élèves de réfléchir aux questions suivantes : *Qu'est-ce que j'aimerais relire ou partager avec mes parents ou mes amis? Comment puis-je déterminer qu'un texte particulier, qu'un processus que j'ai utilisé pour résoudre un problème de mathématiques ou qu'un rapport de projet scientifique répond aux critères énoncés?* Au moment de la création d'un portfolio comprenant diverses pièces sélectionnées, accompagnées d'explications venant justifier leurs choix, les élèves démontrent leur compréhension des notions de qualité et de maîtrise. Les élèves ont besoin de lignes directrices et d'exemples clairs pour commencer; aussi ces discussions doivent être bien orientées et structurées dès le début du processus. Ce faisant, nous voyons des élèves, même âgés de quatre à cinq ans, réussir à participer activement au processus de création d'un portfolio avec enthousiasme et discernement.

Je dis souvent que le problème avec l'école, c'est que nous y sommes tous allés. En tant qu'enseignants, nous éprouvons parfois des difficultés à nous libérer des types d'évaluations que l'on nous a imposés lorsque nous étions des élèves. Pour bon nombre d'entre nous, l'évaluation nous était *imposée* par les enseignants. Ce livre, cependant, offre des idées et des stratégies aidantes fondées sur des théories et des expériences validant l'utilisation du processus de création de portfolio aux fins d'évaluation, en faisant en sorte que les élèves s'y engagent *avec nous*. Nous devons aider les élèves, quel que soit leur âge, à participer pleinement au processus d'évaluation, et les portfolios offrent un excellent moyen pour que les élèves et les enseignants s'engagent ensemble sur cette voie.

Le présent document s'appuie sur un ouvrage précédent des conférences et de la communication de l'apprentissage publié par Anne Davies, Kathleen Gregory et Caren Cameron (2011). Cet ouvrage a aidé un bon nombre d'entre nous à bien réfléchir au processus permettant aux élèves de rassembler des échantillons de leurs travaux qui illustrent le cheminement de leur apprentissage et le développement de leurs compétences. Les conférences et la communication de l'apprentissage amènent les élèves à un point, dans le parcours, qui représente en fait la réussite de l'apprentissage. Réfléchissons au rôle que peut jouer un portfolio dans ce processus et à la complexité supplémentaire révélée par le fait que les élèves et les enseignants déterminent ensemble les éléments contenus dans chaque portfolio, en fonction de son objectif. En posant la question « *que racontera ce portfolio?* », les enseignants et les élèves sont davantage en mesure de réfléchir en profondeur à la manière dont ils pourraient documenter leur apprentissage et leur réflexion. Ce processus impliquera un changement dans la culture de l'évaluation.

Trop souvent, les élèves s'attendent à ce que les enseignants soient leur seule source de rétroaction, qu'ils leur disent comment ils s'en sortent, quels sont leurs objectifs et ce qu'ils doivent faire par la suite. Dans le présent ouvrage, nous allons voir comment les portfolios peuvent être employés pour permettre aux élèves de mieux comprendre qu'ils ont un rôle majeur à jouer en se donnant eux-mêmes des rétroactions pour éclairer leur propre apprentissage. Le processus de création d'un portfolio permet à chaque élève, avec l'aide de l'enseignant, de concevoir une compréhension approfondie de ses propres réflexions. Les portfolios offrent des occasions rêvées aux élèves de tout âge de participer concrètement au processus d'évaluation, et non seulement à la création de produits qui font l'objet d'une évaluation sommative.

Comme le décrit le présent ouvrage, les portfolios permettent également aux élèves de participer aux prises de décisions concernant les éléments qui doivent être mis en valeur. En participant au processus de décision requis lors de la création des portfolios, les élèves déterminent les éléments qui comptent, les éléments qui respectent les critères et les éléments qui démontrent leur propre apprentissage. Afin de faire ces choix, les élèves s'engagent dans un processus métacognitif, à savoir une réflexion sur leur propre réflexion, qui favorise un apprentissage en profondeur et un accroissement du niveau d'engagement.

Cette capacité à faire preuve d'un esprit critique est essentielle à l'apprentissage des élèves. Lorsqu'ils se sentent responsables de leur apprentissage, l'impact est d'autant plus grand.

Utiliser les stratégies décrites dans le présent ouvrage vous aidera à renforcer votre jugement professionnel tandis que vous poursuivez la création d'un environnement d'apprentissage permettant aux portfolios de soutenir *tous* les apprenants.

Ann Sherman

Doyenne de la Faculté d'éducation
au campus de Fredericton de
l'Université du Nouveau-Brunswick (UNB)

Références

Gregory, K., Cameron, C. et Davies, A. (2011). *Conferencing and Reporting*, coll. « Knowing What Counts », 2e éd., Courtenay, C.-B., Connections Publishing.

Johnston, P. (1997). *Knowing Literacy: Constructive Literacy*, Portland, ME, Stenhouse Publishing.

Introduction

Dans le présent ouvrage, *La collecte de preuves d'apprentissage et les portfolios : l'engagement des élèves dans le processus de documentation pédagogique*, nous expliquons comment faire en sorte que les élèves participent à la collecte de preuves de leur apprentissage avec l'aide de leurs enseignants. Par le passé, l'expression *documentation pédagogique* a été utilisée pour faire référence à l'action de l'enseignant. Nous reformulons ici cette notion pour y inclure une forte implication de la part des élèves, quel que soit leur âge. Les élèves sont des acteurs essentiels tout au long du processus de collecte de preuves concernant leur apprentissage. La collecte de preuves par les enseignants n'est pas suffisante, les élèves doivent faire de même. Cela vaut la peine de prendre le temps d'apprendre aux élèves comment recueillir et sélectionner ces preuves, car ils apprendront beaucoup dans le cadre de ce processus. Soyons clairs. Apprendre aux élèves comment collecter et sélectionner des preuves de leur apprentissage est l'élément le plus important du processus de création de portfolios.

Dans le chapitre 1, nous allons décrire pourquoi et quand vous pouvez utiliser la collecte de preuves d'apprentissage les portfolios. Dans les chapitres 2 à 6, nous décrivons cinq différents types de collectes de preuves élaborés pour répondre à cinq objectifs distincts. (Bien que les exemples sélectionnés dans l'ensemble de cet ouvrage concernent des matières ou des contextes précis, ils peuvent tous être adaptés pour répondre à vos besoins pédagogiques ou en matière de communication du rendement.) Dans le chapitre 7, nous répondons aux questions et aux préoccupations les plus fréquentes.

Le chapitre 8 décrit le rôle des leaders dans ce processus. Après la conclusion, les deux annexes vous fournissent une discussion dans le cadre d'une communauté d'apprentissage professionnelle et des documents reproductibles à utiliser dans votre salle de classe.

Le présent ouvrage peut également représenter :

- une stimulation pour ceux qui utilisent déjà les portfolios, en leur proposant de revoir la manière dont ils les utilisent et dont ils pourraient être peaufinés en adoptant différents formats;

- un déclencheur de discussions pour les groupes de professionnels qui s'intéressent à repenser la collecte de preuves et les formats permettant de les utiliser;

- un point de départ qui permet de réfléchir à la manière de transformer la collecte de preuves en un produit qui communique les apprentissages aux élèves, aux parents et aux autres intervenants dans le domaine de l'apprentissage;

- un moyen d'élargir la question de l'évaluation dans le cadre de la formation professionnelle;

- une « perspective » pour les leaders qui cherchent à établir une orientation dans le cadre d'une CAP avec leur personnel concernant la question de l'évaluation;

- une occasion pour acquérir une connaissance approfondie des avantages des portfolios, tout en améliorant la compréhension du processus de triangulation face aux preuves d'apprentissage, de l'évaluation formative et de l'évaluation sommative.

Nous savons que dans certaines provinces, le terme *portfolio* peut faire l'objet de diverses représentations. Vous pouvez choisir d'utiliser des termes comme dossier de progrès, dossier, collecte de preuves ou documentation pédagogique.

À mesure que vous parcourez ces lignes, n'hésitez pas à sélectionner les idées qui vous intéressent et à envisager comment vous pourriez les faire les vôtres, en fonction de votre situation, de vos élèves et de votre matière ou discipline. Il n'est pas nécessaire de lire cet ouvrage dans l'ordre : choisissez les chapitres qui vous semblent les plus pertinents.

1. En quoi consistent les portfolios et les collectes de preuves d'apprentissage et pourquoi nous les utilisons?

En quoi consistent les portfolios et les collectes de preuves d'apprentissage et pourquoi nous les utilisons?

Les portfolios et les collectes de preuves d'apprentissage peuvent être décrits comme étant un artefact résultant d'un processus. Une fois que nous avons compris cela, les conversations à propos de la forme que prend le portfolio deviennent accessoires. Par conséquent, la discussion concernant les portfolios et les collectes de preuves passe de débats sans fin à propos de l'épaisseur du classeur employé ou de la nécessité ou non d'utiliser un format numérique ou papier à une discussion bien plus profonde. Lorsque nous comprenons que le format des portfolios et des collectes de preuves peut être très varié, nous pouvons commencer à envisager des questions comme celles qui figurent ci-dessous :

Comment les portfolios et les collectes de preuves peuvent-ils:

- représenter une occasion d'engager une conversation avec les élèves à propos de l'apprentissage?

- soutenir l'apprentissage des élèves, éclairer la réflexion et favoriser une planification pédagogique intentionnelle et permettre la communication des apprentissages avec autrui?

- servir de moyen permettant aux élèves de participer à la documentation pédagogique?

- passer d'un événement qui doit être subi à un processus qui peut éclairer l'ensemble du parcours d'apprentissage et les décisions prises à la fin de celui-ci?

- soutenir le jugement professionnel de l'enseignant?

- servir d'évaluations communes ou de tâches d'évaluation signifiantes?

- valoriser les différents types et les diverses sources de preuves d'apprentissage de l'élève (p. ex. les produits, les observations, les conversations) [Davies, 2011]?

Les questions suivantes pourraient s'ajouter :

- À quels publics, principaux et secondaires, ces collectes de preuves et ces portfolios pourraient-ils s'adresser?

- Comment les enseignants pourraient-ils délibérément et intentionnellement planifier la façon que les élèves prennent en main les collectes de preuves et la création de portfolios?

Les réponses à ces questions varient d'un professionnel à un autre. Cependant, utiliser les portfolios et les collectes de preuves dans sa salle de classe, quelle que soit l'année ou la matière, consiste à s'engager dans un processus d'enquête dans lequel les élèves et les enseignants réfléchissent ensemble au cheminement et au progrès avec le temps. En outre, cela permet aux apprenants d'appliquer et de renforcer leurs apprentissages et leurs habiletés :

- Qu'ai-je appris?

- Comment puis-je vous montrer ce que j'ai appris?

- Comment puis-je passer à la prochaine étape de mon apprentissage?

- Comment puis-je mieux me comprendre en tant qu'apprenant?

Lorsque nous envisageons les portfolios et les collectes de preuves comme les produits d'un processus rigoureux, nous pouvons, comme d'autres avant nous, décrire ce processus comme suit :

- **Recueillir** – Les élèves recueillent des preuves de leur apprentissage à partir de produits, de conversations et d'observations liés à des normes, à des résultats d'apprentissage et à des descriptions de critères de qualité et de maîtrise. Étant donné que tout ce que fait, dit ou crée un élève représente une preuve d'apprentissage potentielle, la preuve n'a pas besoin de provenir uniquement d'éléments de tâche sommatives. Un « travail en cours » peut également servir à éclairer les normes ou les résultats d'apprentissage, et plus particulièrement lorsque ces éléments sont axés sur le processus.

- **Sélectionner** – Les élèves sélectionnent les preuves qui correspondent le mieux à l'objectif et au public cible des portfolios et des collectes de preuves ainsi qu'à l'auditoire auquel ils s'adressent. Ils sélectionnent également les preuves en fonction des normes, des résultats d'apprentissage et des descriptions d'apprentissage de critères de qualité et de maîtrise.

- **Réfléchir** – Les élèves réfléchissent aux motifs qui les ont amenés à sélectionner tel ou tel élément de preuve et communiquent ces motifs.

- **Projeter** – Les élèves déterminent l'impact de cette sélection sur leurs prochaines étapes et leurs prochains objectifs.

Nous utilisons également les portfolios et les collectes de preuves en tant que moyens tangibles, pratiques et réalisables pour nos élèves de participer à leur propre documentation pédagogique. En fait, les élèves travaillent plus que les enseignants. Lorsque le processus de création de portfolios et de préparation de collectes de preuves est conçu de manière appropriée, il est suffisamment simple pour être soutenu dans des salles de classe diverses et très occupées.

À quoi ressemble la collecte de preuves pour les portfolios?

Les élèves et les enseignants peuvent recueillir les preuves d'apprentissage de nombreuses manières. Par exemple :

Figure 1 : Cartes de preuves

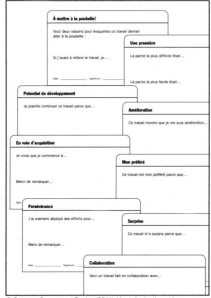

© Gregory, Cameron et Davies (2011) *L'autoévaluation et la détermination des objectifs*, 2e éd., p. 32.

• Des élèves sélectionnent un échantillon de travail de la semaine pour prouver qu'ils ont respecté une norme de contenu.

• Des élèves placent des échantillons de leurs travaux dans un « gros dossier » ou dans un dossier informatique.

• Des enseignants insèrent dans une application électronique (comme Seesaw) un court clip vidéo représentant l'utilisation de matériel de manipulation pour résoudre un problème de mathématiques.

• Des élèves sélectionnent un échantillon de travail et y joignent une carte de preuves pour démontrer leur apprentissage (Gregory, Cameron et Davies, 2011b, p. 30-32) [voir la figure 1].

• Des élèves rédigent un texte à propos de ce qui se passe sur une photographie d'eux qui a été prise alors qu'ils étaient en train d'apprendre (Gregory, Cameron et Davies, 2011c, p. 27) [voir la figure 2].

• Des élèves démontrent qu'ils respectent les critères alors qu'ils résolvent des problèmes de mathématiques en utilisant des papillons autocollants selon un code de couleur.

- Des élèves sélectionnent un échantillon de travail à insérer dans leur enveloppe d'objectifs (Gregory, Cameron et Davies, 2011c, p. 24) [voir la figure 3].

- Des élèves rédigent les mots dont ils se souviennent des apprentissages de la semaine.

- Des élèves utilisent une application comme Pro-Create pour dessiner, peindre et créer une image représentant visuellement les concepts étudiés dans un module de biologie.

- Des élèves consignent, au moyen d'une application électronique telle que Educreations, ShowMe, ou Explain Everything, leurs « réflexions à haute voix » alors qu'ils résolvent un problème de mathématiques.

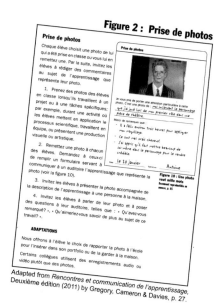

Figure 2 : Prise de photos

Adapted from *Rencontres et communication de l'apprentissage, Deuxième édition* (2011) by Gregory, Cameron & Davies, p. 27.

Cette liste de possibilités est illimitée. En fait, lorsque les élèves peuvent sélectionner un format de portfolio qui leur convient et qui est mieux adapté à leurs intérêts, il se peut que ceci devienne un point de départ pour ceux qui, auparavant, n'étaient pas engagés dans leur apprentissage. Certaines méthodes utilisées pour recueillir des preuves pour les portfolios ne prennent que quelques minutes, alors que d'autres sont plus complexes, comprennent plusieurs étapes et se déroulent sur une période plus longue.

Figure 3 : Enveloppe d'objectifs

Enveloppe d'objectifs de : Julie

Rétroaction de : Mme Charbonneau

Étape : 1

Matière (s) Mathématiques

Mon objectif pour cette étape est : de faire tous mes devoirs de mathématiques durant le reste du trimestre

Mes preuves démontrent que :
- ☐ je travaille à atteindre mon objectif
- ☑ j'ai atteint mon objectif

1. mon agenda est signé
2. regarde mon cahier de mathématiques (mes devoirs sont faits)
3. le commentaire dans mon bulletin

Félicitations :
- d'avoir terminé tous tes devoirs ce mois-ci.
- d'avoir apporté ton agenda à la maison afin que je puisse le signer.

La prochaine fois :
Continue ton excellent travail... ça vaut la peine!

Adapted from *Rencontres et communication de l'apprentissage*, by Gregory, Cameron & Davies, p. 24. Deuxième édition (2011)

Pour vous aider dans votre travail et vous montrer les différentes manières dont les élèves et les enseignants peuvent être coresponsables de la documentation pédagogique des preuves d'apprentissage, nous avons organisé nos exemples en les classant dans les cinq catégories suivantes :

1. Réussite (chapitre 2)

2. Compétences (chapitre 3)

3. Progression (chapitre 4)

4. Épanouissement (chapitre 5)

5. Cheminement (chapitre 6)

Même si le contenu et la forme du portfolio ou de la collecte de preuves d'apprentissage peuvent être négociés par et avec les élèves, l'utilisation de ces portfolios et de ces collectes de preuve n'est pas négociable. C'est un moyen par lequel les élèves jouent un rôle actif et majeur dans le processus d'évaluation et la documentation pédagogique

En quoi la collecte de preuves soutient-elle l'apprentissage de l'élève?

Le processus même de faire participer les élèves à la documentation de leur propre apprentissage favorise leur apprentissage.

*   Lorsqu'ils recueillent des preuves d'apprentissage, les élèves *deviennent conscient* de leur propre apprentissage. *Que vaut mon travail par rapport aux descriptions des critères de qualité et de maîtrise mises à ma disposition? Que puis-je faire pour me rapprocher de ces descriptions? Quels éléments récurrents et quelles tendances puis-je constater dans mon travail?*

- Les élèves *apprennent à s'autoréguler* et à assurer le suivi de leur propre apprentissage. Ils démontrent quels aspects des preuves recueillies répondent aux critères de qualité et de maîtrise, et quels aspects pourraient faire l'objet d'une plus grande attention. Il s'agit en fait du *fonctionnement exécutif.*

- Les élèves font appel à la *métacognition* à mesure qu'ils développent une compréhension de leurs propres processus de réflexion et d'apprentissage et qu'ils en prennent conscience. Alors qu'ils sélectionnent des preuves pour leur portfolio, ils réfléchissent à la question suivante et y apportent une réponse : *Pourquoi cet élément de preuve et pourquoi maintenant?*

- Lorsque les élèves se lancent dans des processus d'autoévaluation et de réflexion, ils se donnent une *rétroaction descriptive* régulière et immédiate pour guider leur apprentissage. Ils participent plus activement à un curriculum qui pourrait autrement sembler éloigné de leur vie et de leurs expériences personnelles.

- Pendant qu'ils créent leurs portfolios et qu'ils recueillent leurs preuves d'apprentissage, les élèves sont en mesure d'identifier les prochaines étapes ou les prochains objectifs en rapport avec leur apprentissage. *Si mon travail ressemble à cela maintenant, à quoi devra-t-il ressembler lors de la prochaine étape?*

- Les élèves qui participent intimement à la création de portfolios et à des collectes de preuves font appel aux trois principaux niveaux de la taxonomie de Bloom (Anderson et al., 2001) : analyser, évaluer et créer.

- L'acte même de documenter les progrès et le cheminement permet de faire l'expérience des compétences nécessaires à l'apprentissage. Par exemple :

  o Pensée critique : J'ai sélectionné cette preuve parce que...

  o Communication : Cet élément de preuve correspond aux critères de qualité et de maîtrise parce que...

  o Compréhension de soi-même et d'autrui : Cet élément de preuve me représente en tant qu'apprenant parce que...

  o Gestion de l'information : J'ai recueilli les preuves de mon apprentissage de cette manière... et je les ai organisées de cette manière...

Lorsque les élèves participent à la collecte de preuves sur leur apprentissage et qu'ils mettent ces preuves dans leur portfolio, ils sont, comme l'explique Pat Wolfe, « La personne travaillant le plus fort développe le plus de dendrites. » [traduction] (Wolfe, 2010, p. 187). En outre, et ce qui est encore plus puissant, ils apprennent à apprendre!

En quoi le fait de faire participer les élèves à la création des portfolios et des collectes de preuves d'apprentissage soutient-il l'enseignement et la réflexion et la planification pédagogique intentionnelle?

Les échantillons de travaux composant la collecte de preuves et le portfolio fournissent la preuve de qu'est-ce que qui a porté fruit par rapport à l'enseignement. Cela facilite le passage de la posture affirmante « je l'ai enseigné » à celle posant la question « qu'ont appris mes élèves »?

- Les portfolios et les collectes de preuves ne doivent pas inclure uniquement l'ébauche finale de quelque chose ou des travaux « completes ». Au lieu de cela, ils peuvent intégrer les preuves de ce qui est « en cours d'apprentissage ». Cela peut permettre aux enseignants de constater les lacunes éventuelles, à savoir l'écart qui existe entre ce que les élèves ont appris et ce qui leur a été enseigné. Les prochaines étapes et les prochains objectifs de l'enseignement peuvent être recensés. De cette manière, les enseignants utilisent une approche en spirale pour la mise en oeuvre du curriculum : ils reviennent sur les normes et les résultats d'apprentissage puis, chaque fois qu'ils y sont de nouveau confrontés, s'appuient sur les éléments précédents.

- Lorsque les enseignants invitent les élèves à prendre une pause, à réfléchir, puis à regarder leurs preuves d'apprentissage, ils « ralentissent » le rythme de leur enseignement pour qu'il suive celui de l'apprentissage des élèves. Du temps est donné aux élèves pour qu'ils documentent leur apprentissage et le rendent visible dans le cadre du processus de portfolio et de collecte de preuves. En réfléchissant aux preuves qu'ils souhaitent intégrer à leur portfolio ou à une collecte de preuves, les élèves peuvent également consolider leur compréhension avant de passer à un autre sujet, contenu ou processus.

- Lorsque les élèves participent au processus de création de portfolios et de collectes de preuves, les enseignants enrichissent et diversifient leurs collectes de données à propos de l'apprentissage des élèves. Par conséquent, les enseignants vont au-delà du simple examen des produits et incluent, en tant que composante clé de la collecte de renseignements, la réflexion des élèves à propos de leur propre apprentissage.

- Lorsque les élèves participent activement à la création de leurs portfolios ou aux collectes de preuves, ceci leur permet de « faire l'expérience » les verbes liés aux normes et aux résultats d'apprentissage du curriculum. Par exemple, les verbes *sélectionner, recueillir, réfléchir, projeter, analyser, faire preuve d'esprit critique, évaluer, représenter* et *comparer* ne sont que quelques-uns des nombreux verbes qui viennent illustrer ce propos.

En quoi les portfolios et les collectes de preuves soutiennent-ils les enseignants?

Que vous ayez une classe de 18 ou de 38 élèves, vous n'avez simplement pas suffisamment de temps pour être la seule personne à recueillir des preuves d'apprentissage. C'est pourquoi il en va de notre propre intérêt, en tant qu'enseignants, de faire participer nos élèves au processus de portfolio et de collecte de preuves. C'est une posture à la fois pratique et raisonnable. En fin de compte, vous disposerez d'un éventail de travaux plus large, plus organisé et plus réfléchi que si vous l'aviez fait vous-même. Dans les classes du secondaire, les portfolios et les collectes de preuves peuvent être utilisées de façon intégrée comme une autre possibilité de tâches sommatives. Dans les classes élémentaire, ils peuvent représenter le fondement du processus de communication de l'apprentissage à la fin de chaque période scolaire ou trimestre. Enfin, en demandant aux élèves de créer des portfolios et des collectes de preuves, on souligne clairement un élément auquel nous accordons une grande valeur en tant qu'enseignant : les élèves prennent en main leur apprentissage.

Quels principes guident ce travail?

Alors que vous envisagez les possibilités et les décisions pédagogiques qui vous attendent, prenez un peu de temps pour réfléchir à ce que vous venez de lire. Vous pourriez avoir envie d'ajouter vos propres réponses aux cinq questions suivantes :

- En quoi consistent les portfolios et les collectes de preuves et pourquoi voudrais-je les utiliser?

- À quoi ressemble la collecte de preuves pour mes élèves et pour moi-même?

- En quoi la collecte de preuves soutient-elle l'apprentissage de mes élèves?

- En quoi le fait de faire participer mes élèves à la création des portfolios et des collectes de preuves soutient-il mon enseignement, réflexion et ma planification pédagogique?

- En quoi les portfolios et les collectes de preuves me soutiennent-ils en tant que professionnel?

Résumé

Dans nos classes, les portfolios et les collectes de preuves d'apprentissage sont efficaces quand :

- ils soutiennent l'apprentissage des élèves;

- ils sont simples et durables;

- ils ont un objectif clair;

- ils valorisent diverses formes de preuves d'apprentissage;

- ils responsabilisent les élèves et les enseignants à l'égard de l'apprentissage;

- ils valorisent tant le processus que le produit de l'apprentissage;

- ils mobilisent les élèves;

- ils éclairent la réflexion et la planification pédagogique intentionnelle et le jugement professionnel des enseignants;

- ils découlent d'un processus (recueillir, sélectionner, réfléchir, projeter) plutôt que d'être vus comme des « événements »;

- ils font intentionnellement partie d'une séquence pédagogique au cours de laquelle on ne s'attend pas seulement des élèves qu'ils « fabriquent un portfolio », mais plutôt qu'ils apprennent grâce à un transfert progressif de la responsabilité.

Les enseignants des élèves d'aujourd'hui estiment que les cinq structures suivantes sont les plus précieuses lorsqu'il s'agit des collectes de preuves d'apprentissage et des portfolios :

1. Réussite

2. Compétences

3. Progression

4. Épanouissement

5. Cheminement

Dans les cinq prochains chapitres, nous décrivons les cinq structures que les enseignants des écoles élémentaires, intermédiaires et secondaires ont adaptées pour répondre à leurs propres objectifs, tout en représentant des occasions pour les élèves de documenter leurs apprentissages. Ces cinq structures peuvent également éclairer l'enseignement et fournir des preuves d'apprentissage pour les processus d'évaluation sommative et de communication du rendement. Se référer à la figure 4 pour obtenir un aperçu de chaque structure. En fin de compte, c'est à l'enseignant de décider quand et comment utiliser les renseignements obtenus.

Figure 4 : Aperçu des cinq structures pour les portfolios
Reproductible à l'annexe B, page 108

Structure	Objectif	Public	Organisation
Portfolio axé sur la réussite *Suis-je encore loin du compte?* *Suis-je sur le point d'y arriver?* *J'y suis arrivé.*	Montrer une preuve d'apprentissage en lien avec des normes (résultats, attentes, etc.).	• Élève • Enseignant • Parent • Leader scolaire • Autres	Portfolio organisé conformément aux normes ou aux résultats d'apprentissage et comprenant une description de la raison pour laquelle un élément particulier illustre la réussite.
Portfolio axé sur les compétences *Je suis prêt pour l'avenir.* *Je peux transférer mes savoirs dans toutes les matières.*	Fournir la meilleure preuve démontrant que l'apprenant a acquis des compétences pluridisciplinaires précises décrites par l'enseignant.	• Élève • Enseignant • Parent	Portfolio organisé en fonction de la compétence et comprenant des exemples de la compétence pluridisciplinaire avec une description, par l'apprenant, de la raison pour laquelle l'échantillon de travaux est une bonne preuve.
Portfolio axé sur la progression *Voici où j'en suis.* *Quelle est la prochaine étape?*	Montrer ce que peut faire l'apprenant à ce stade par rapport à un continuum ou à une progression des échantillons.	• Élève • Enseignant • Parent	Portfolio organisé en fonction d'échantillons datés et joints à la progression. Il comprenant une réflexion la part de l'apprenant et son objectif pour les prochaines étapes.
Portfolio axé sur l'épanouissement *Regardez où j'en étais et où j'en suis maintenant.*	Montrer les progrès au fil du temps : ce que les élèves connaissent, comprennent, peuvent faire et expriment aujourd'hui par rapport à ce qu'ils connaissaient, compreiaent, pouvaient faire et exprimaient.	• Élève • Enseignant • Parent	Portfolio organisé en fonction d'échantillons datés de à partir du début de la période d'apprentissage et au cours des différentes périodes prescrites par les enseignants.
Portfolio axé sur le cheminement *Je suis prêt.* *J'en ai la preuve.* *Voici ma meilleure preuve.*	Montrer et souligner les réussites de l'apprenant et prouver qu'il est prêt à passer à l'étape suivante, quelle qu'elle soit (période scolaire suivante, année suivante, nouvelle tâche, intégration d'un établissement postsecondaire)	• Autres élèves • Enseignant • Parent • Communauté • Toute personne à laquelle l'apprenant souhaite se présenter.	Portfolio organisé de manière à montrer l'élève sous son meilleur jour d'après une estimation de ce que le public cible doit savoir à propos de l'apprenant.

2. Collectes de preuves d'apprentissage et portfolios axés sur la réussite

Objectif : Suis-je encore loin du compte? Suis-je sur le point d'y arriver? J'y suis arrivé.

L'objectif de cette collecte de preuves et de ce portfolio consiste à montrer les preuves d'apprentissage en fonction de normes (ou, selon la formulation que vous utilisez, de résultats d'apprentissage, d'attentes, etc.). Pour cette collecte de preuves et ce portfolio, le public visé comprend, entre autres, l'élève, l'enseignant, les parents et le leader scolaire. Il importe que l'auditoire sache ce qui a été appris par rapport à ce que l'élève était censé apprendre.

Ce type de portfolio est organisé en fonction des normes ou des résultats d'apprentissage, et comprend une description de la raison pour laquelle tel ou tel échantillon de travail illustre le mieux le niveau de réussite atteint. La compréhension de la notion de qualité est possible lorsque les élèves participent à la coconstruction des critères. Lorsque les élèves ont besoin de montrer des preuves en lien avec des normes, des résultats d'apprentissage ou des attentes à la fin de l'apprentissage, c'est ce type de portfolio qu'il convient de choisir.

Les récits qui suivent sont des exemples concrets de collectes de preuves et de portfolios axés sur la réussite. Vous trouverez un récit provenant d'une école secondaire, un autre d'une école intermédiaire et un dernier d'une école élémentaire. Ils figurent dans le présent ouvrage pour illustrer ce qu'il est possible de faire dans les classes d'aujourd'hui. Lisez-les pour stimuler votre réflexion et vous aider à trouver des idées. Chaque exemple peut être adapté aux différents niveaux scolaires et aux différentes disciplines.

Pendant que vous lisez ces récits, pensez à vous poser les trois questions suivantes :

1. Que me rappelle cet exemple?

2. Quelles occasions offre le présent récit pour mes pratiques comme enseignants?

3. Que devrais-je faire pour que cela fonctionne pour moi, mes apprenants et le contexte dans lequel nous évoluons?

Témoignage : École secondaire

Un enseignant de précalcul a demandé à ses élèves de créer un portfolio de manière à ce qu'ils puissent fournir la preuve qu'ils avaient atteint les attentes du programme concernant les sept processus mathématiques (résolution de problème, raisonnement, visualisation, utilisation de la technologie, communication, établissement de liens, calcul mental et estimation).

Au cours des premières semaines du semestre, l'enseignant a coconstruit avec ses élèves des critères de qualité et de maîtrise pour les deux premiers processus mathématiques, de sorte que les élèves ont pu participer eux-mêmes à la création de ces descriptions. Il leur a ensuite fourni les critères de qualité pour les cinq autres processus mathématiques.

Cet enseignant de mathématiques avait organisé son curriculum en six modules. À la fin de chaque module, il donnait environ 30 minutes aux élèves pour trouver les preuves indiquant qu'ils étaient concrètement en mesure de mettre en oeuvre deux des processus mathématiques. Les travaux utilisés par les élèves en tant que preuves ne pouvaient pas consister en des éléments auxquels l'enseignant avait déjà attribué une note ou étaient déjà représentés dans son cahier. Cela donnait ainsi la possibilité aux élèves d'utiliser leurs devoirs et des passages de leur journal de mathématiques, ainsi que des travaux en cours ou des exercices. Une fois l'ensemble du portfolio créé, chacun des sept processus de mathématiques devait être représenté au moins une fois.

Pour accompagner chaque ajout, les élèves rédigeaient une note permettant d'expliquer pourquoi l'élément de travail sélectionné représentait une preuve du processus mathématique en question. Les élèves se référaient à la formulation utilisée dans les critères et la réutilisaient. Le travail des élèves, accompagné de leurs réflexions, était organisé dans un petit classeur (voir la figure 5). De plus, les élèves répondaient par écrit à certaines questions de réflexion telles que :

- Pourquoi as-tu choisi de suivre ce cours?

- Dans le travail effectué cette année, quel est le concept que tu as compris le plus facilement, et pourquoi?

- Qu'as-tu fini par mieux comprendre sur toi-même en tant que mathématicien?

- En quoi la création de ce portfolio t'a-t-elle aidé et a-t-elle facilité ton apprentissage?

Ce portfolio a servi de travail sommatif; il a été noté par l'enseignant et a eu une certaine importance dans la note finale du cours exprimée en pourcentage.

Figure 5 : Portfolio axé sur la réussite d'une classe de 12ᵉ année de précalcul

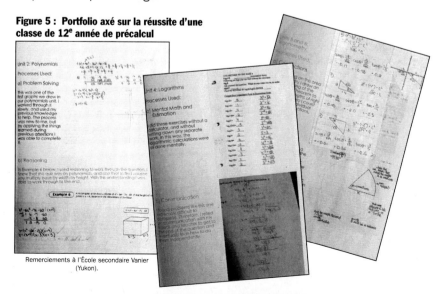

Remerciements à l'École secondaire Vanier (Yukon).

Témoignage : École intermédiaire

Une enseignante d'une école intermédiaire a passé en revue les résultats d'apprentissage pour chacun des cours qu'elle enseignait. Elle les a résumés et rédigés dans un langage convivial adapté aux élèves (voir la figure 6). Lorsqu'elle rencontrait les élèves de chaque classe, elle repassait chaque résultat sur lequel, ils allaient se concentrer ensemble pendant le trimestre scolaire.

L'enseignante demandait aux élèves de travailler en groupes et de dresser une liste d'éléments de preuve possibles qu'ils pourraient soumettre pour démontrer ce qu'ils avaient appris dans ce cours en lien avec chacun des résultats indiqués individuellement sur une feuille de papier pour chevalet. Elle demandait aux élèves de consigner leurs idées sur des grandes feuilles. Toutes les cinq à sept minutes, ces feuilles passaient à un autre groupe, qui y ajoutait d'autres idées.

Alors que les listes circulaient, l'enseignante rappelait aux élèves que les éléments de preuves comprenaient des produits (comme des tests, des quiz et des devoirs) ainsi que des observations concernant ce qu'ils avaient dit ou fait pour démontrer leur apprentissage pendant les heures de cours. Les éléments de preuves pouvaient également comprendre ce qu'ils avaient écrit ou dit pendant qu'ils réfléchissaient à leur apprentissage. Étant donné qu'un bon nombre des travaux pouvaient être effectués dans un format numérique et être stockés sur des supports électroniques (photos, enregistrements audio et vidéo), la classe a décidé de configurer un répertoire sur le serveur de l'école que chaque élève pouvait utiliser.

Chaque semaine, l'enseignante montrait aux élèves ce qu'ils devaient faire. Tout d'abord, elle a parlé du portfolio qu'elle tenait à jour et qu'elle partageait avec le directeur de l'école dans le cadre son évaluation du rendement. Elle a ensuite abordé la manière dont les élèves pouvaient conserver éléments de preuves de la même manière. Elle leur a demandé de sélectionner des éléments de preuves en lien avec deux ou trois résultats d'apprentissage et de réfléchir à ce que ces éléments ont démontré comme des preuves d'apprentissage et de réussite.

Une fois par mois ainsi qu'à la fin de chaque module et de chaque trimestre scolaire, l'enseignante rappelait aux élèves de passer en revue les échantillons de fin d'apprentissage et de déterminer un domaine à cibler pour atteindre le niveau de qualité requis. Pour ce faire, du temps était donné pendant le cours.

Lorsque d'autres enseignants lui ont demandé comment elle faisait pour trouver le temps de faire ce travail, l'enseignante leur a expliqué que le processus de collecte d'éléments de preuves et de création de portfolios (recueillir, sélectionner, réfléchir et projeter) était une manière pour les élèves d'atteindre les résultats d'apprentissage ci-dessous :

- devenir des apprenants autonomes;

- être capables de réflexion complexe;

- créer des productions de qualité;

- communiquer de façon efficace;

- utiliser la technologie de façon éthique et efficace.

Figure 6 : **Résultats d'apprentissage en langage convivial pour des élèves en mathématiques**

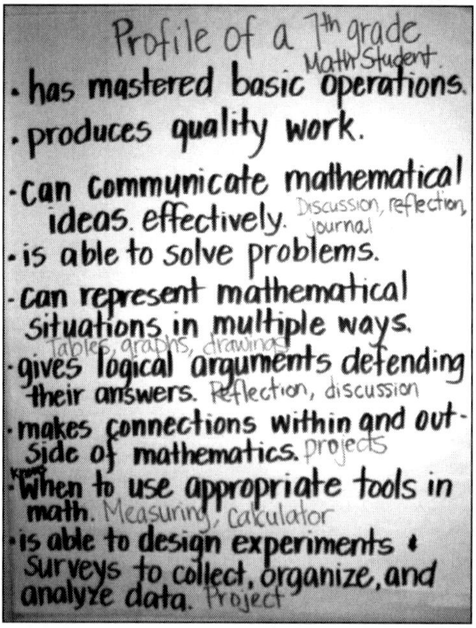

Ces résultats d'apprentissage étant transdisciplinaires, l'enseignante estimait qu'elle gagnait du temps. Alors qu'elle aidait les élèves à se donner les uns aux autres des rétroactions précises et descriptives concernant les « prochaines étapes », elle rassemblait des preuves indiquant qu'ils étaient en mesure de collaborer et de contribuer à la communauté d'apprentissage de la salle de classe.

Témoignage : École élémentaire

Un enseignant travaillant dans une école élémentaire utilisant le Soutien au Comportement Positif (SCP) a créé une matrice décrivant les attentes sur le plan du comportement dans la salle de classe (voir la figure 7). Des critères étaient coconstruits pour chacune des attentes, de manière à veiller à ce que chaque élève ait une représentation de la notion de qualité requise « ce qu'on voit et ce qu'on entend ». Chaque élève recevait un portfolio à quatre pochettes, chaque pochette étant étiquetée avec l'une des quatre attentes en question. Une copie des critères était

Figure 7 : Matrice de comportements de 4e année qui sera utilisée pour créer quatre pochettes.

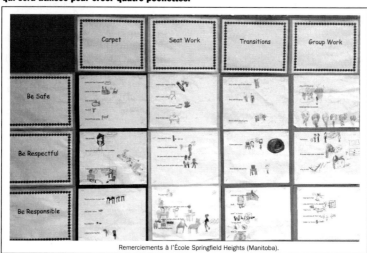

Remerciements à l'École Springfield Heights (Manitoba).

glissée dans chaque pochette. Quatre fois par année, les élèves sélectionnaient et dataient leurs meilleurs éléments de preuve pour prouver qu'ils étaient sur le point d'atteindre une attente ou qu'ils la respectaient. Chaque preuve incluait une réflexion liée à un dessin, à une photo, à un compte rendu ou à une carte de preuves (Gregory, Cameron et Davies, 2011b). Après chaque ajout au portfolio, un objectif était établi pour permettre à chaque élève de se rapprocher de l'attente en matière de comportement. Un plan décrivant les stratégies d'amélioration possibles était ensuite créé en collaboration avec l'enseignant dans le cadre d'une conférence enseignant/élève.

Résumé

Au fil de la lecture de ces témoignages, vous avez pu vous rendre compte de l'applicabilité de ces démarches aux différents niveaux scolaires et aux différentes disciplines. Pour résumer, les étapes relatives aux collectes de preuves et aux portfolios axés sur la réussite sont les suivantes :

1. Sélectionnez la ou les normes, le ou les résultats ou encore le ou les objectifs sur lesquels vous souhaitez vous pencher.

2. Expliquez que l'objectif du portfolio consiste à fournir des preuves d'apprentissage et de réussite en lien avec l'apprentissage attendu.

3. Passez en revue les attentes de fin d'apprentissage en termes de qualité. Fournissez des échantillons et des descriptions illustrant le niveau de qualité attendu.

4. Décidez d'utiliser un format papier ou numérique, et déterminez à quoi ressemblera le produit final. Gardez toujours à l'esprit le caractère durable et simple de ce processus.

5. Déléguez progressivement la responsabilité et modélisez le processus de sélection des preuves ainsi que la réflexion qui l'accompagne. Exercez-vous ensemble, en continuant de « réfléchir à haute voix » pendant le processus de sélection des preuves.

6. À la fin du trimestre scolaire ou du module d'enseignement, faites une pause pour laisser le temps aux élèves de sélectionner qui démontrent ce qu'ils savent, ce qu'ils comprennent et ce qu'ils sont en mesure de faire et de dire, de manière à prouver qu'ils ont répondu aux attentes dans chaque domaine, ou qu'ils ont dépassé ces attentes.

7. Réitérez ce processus pour chaque sujet, chaque module ou chaque grande idée abordée.

Réflexion et mise en application

Dans ce chapitre, vous avez pu lire trois récits (école secondaire, école intermédiaire et école élémentaire). *De quelle manière ces récits peuvent-ils vous éclairer et éclairer votre travail, en fonction de votre contexte, de votre discipline et du niveau scolaire dans lequel vous enseignez?* Par exemple, une enseignante en économie domestique dans une école secondaire a adapté ces idées et a coconstruit des critères avec ses élèves à propos de la description d'une cuisine professionnelle. Chaque critère, à savoir la préparation, la propreté, le comportement et le professionnalisme, comprenait une explication détaillée. Les élèves utilisaient leur téléphone et leurs appareils portatifs pour prendre des photographies pendant les travaux pratiques et prouver ainsi qu'ils « faisaient l'expérience » des critères.

3. Collectes de preuves d'apprentissage et portfolios axés sur les compétences

Objectif : À l'avenir, je serai prêt. Je peux acquérir des compétences transdisciplinaires.

L'objectif des collectes de preuves et portfolios axés sur les compétences consiste pour l'élève à fournir la meilleure preuve possible qu'il dispose des compétences pluridisciplinaires décrites par l'enseignant. Ces compétences peuvent provenir du curriculum, du ministère de l'Éducation ou du Conference Board du Canada, en fonction de votre contexte. Le message global délivré par le portfolio consiste à dire :

- je peux penser en faisant preuve de créativité et d'esprit critique;
- je peux employer de multiples formes de littératies et de compétences en communication;
- je peux conceptualiser;
- je peux mettre en application;
- je peux analyser, synthétiser et évaluer;
- je peux construire des savoirs et une compréhension de moi-même;
- je peux gérer de l'information.

Conçu pour les élèves, l'enseignant et les parents, ce portfolio indique ceci à tous les intervenants : « *je suis un apprenant souple, au sens large, et j'ai les "réflexes intellectuels" d'un apprenant* ». Ce portfolio est organisé en fonction d'une compétence transdisciplinaire. Il comprend une description, par l'apprenant, de la raison pour laquelle l'échantillon de travaux transdisciplinaires sélectionné (format papier ou numérique) est une bonne preuve de cette compétence. Cette structure peut vous convenir si vous organisez votre enseignement en fonction de grandes idées ou si vous adoptez une posture axée sur un processus d'enquête. C'est également une option pour les équipes regroupées par districts, par niveaux scolaires ou par écoles qui souhaitent que les élèves recueillent des preuves liées aux mêmes compétences.

Les récits qui suivent sont des exemples concrets de collectes de preuves et de portfolios axés sur les compétences. Vous trouverez un récit provenant d'une école secondaire, un autre d'une école intermédiaire et un dernier d'une école élémentaire. Ils figurent dans le présent ouvrage pour illustrer ce qu'il est possible de faire dans les classes d'aujourd'hui. Lisez-les pour stimuler votre réflexion et vous aider à trouver des idées. Chaque exemple peut être adapté aux différents niveaux scolaires et aux différentes disciplines.

Pendant que vous lisez ces récits, pensez à vous poser les trois questions suivantes :

1. Que me rappelle ce témoignage?

2. Quelles occasions offre le présent récit pour ma pratique pédagogique?

3. Que devrais-je faire pour que cela fonctionne pour moi, mes apprenants et le contexte dans lequel nous évoluons?

Témoignage : École secondaire

Après avoir analysé les normes relatives aux processus liés aux études sociales, une enseignante de sciences humaines a défini le terme de « chercheur en sciences sociales » et a demandé à chaque élève de tenir à jour un portfolio composé de quatre pochettes (voir les figures 8 et 9).

- Pochette 1 : Expert en rédaction

- Pochette 2 : Chercheur productif

- Pochette 3 : Collaborateur efficace

- Pochette 4 : But choisi par l'élève (Herbst et Davies, 2014, p. 48)

L'enseignante recueillait chaque jour des échantillons de travaux, des projets et des résultats de tests. Elle demandait également élèves de receuillir des preuves, à partir des travaux effectués en classe, concernant les principales compétences en études sociales qu'elle avait désignées comme essentielles pour être un chercheur en sciences sociales. Elle leur a expliqué qu'au cours de chaque classe, elle leur demanderait de travailler à certains moments comme des chercheurs en sciences sociales. Elle recueilleraient alors des observations et les élèves recueilleraient des preuves d'apprentissage.

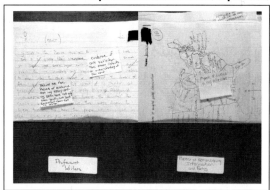

Figure 8 : Deux pochettes du portfolio : expert en rédaction et but choisi par l'élève

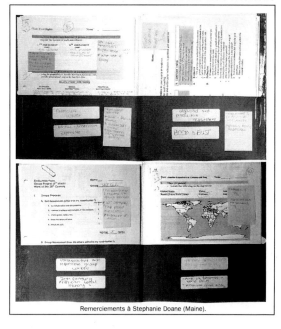

Figure 9 : Portfolio axé sur les compétences en histoire d'une école secondaire

Remerciements à Stephanie Doane (Maine).

Témoignage : École intermédiaire

L'équipe enseignante d'une école intermédiaire a décidé que les élèves recueilleraient des preuves d'apprentissage en lien avec quatre des dix compétences de la province : *je peux gérer de l'information, je communique clairement et efficacement, je sais comment apprendre et je sais résoudre des problèmes à l'aide de solutions créatives et pratiques*. Chaque compétence était plus précisément décrite par les enseignants et peaufinée tout au long du trimestre scolaire par les élèves.

Tout au long du trimestre, les élèves disposaient toutes les trois semaines d'une vingtaine de minutes pour sélectionner les travaux qui, selon eux, apportaient la preuve de chacune des quatre compétences. Cette revue donnait non seulement l'occasion aux élèves de compléter leur portfolio, mais permettait également aux enseignants et aux élèves d'assurer le suivi des progrès en vue d'atteindre ces compétences.

Il ne suffisait pas aux élèves de placer un élément de travail dans les pochettes des portfolios. Ils devaient joindre à ces travaux des cartes de preuves (Gregory, Cameron et Davies, 2011b) qui servaient d'éléments de réflexion. Ces cartes de preuves incluaient :

- Amélioration : Ce travail montre que je me suis amélioré, parce que...

- Épanouissement : Avant, mon travail dans ce domaine était... Il est à présent...

- En voie d'acquisition : Je crois que je commence à... Merci de remarquer...

- Collaboration : Voici un travail fait en collaboration avec... Le meilleur aspect du travail en collaboration est...

- À mettre à la poubelle! Voici deux raisons pour lesquelles ce travail devrait aller à la poubelle... Si j'avais à refaire le travail, je...

Cette collecte de preuves devenait un portfolio au moment d'être relancée, à la fin de chaque trimestre scolaire (voir la figure 10).

Figure 10 : Portfolio axé sur quatre compétences des élèves d'une école intermédiaire : « Je sais comment apprendre », « je sais résoudre des problèmes à l'aide de solutions créatives et pratiques », « je communique clairement et efficacement » et « je peux gérer de l'information ».

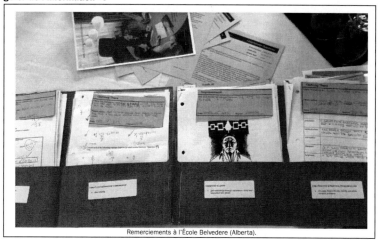

Remerciements à l'École Belvedere (Alberta).

Témoignage : École élémentaire

Une enseignante de sixième année a décidé de demander à ses élèves de recueillir des preuves d'apprentissage en lien avec les résultats d'apprentissage généraux. Dans d'autres provinces, on les appelle parfois les compétences du 21e siècle. Il s'agit de descriptions des caractéristiques de l'apprentissage qui vont au-delà de la simple description des contenus et qui se penchent sur les processus et les compétences; ces résultats d'apprentissage sont transdisciplinaires. Cette enseignante a décidé de demander aux élèves de se concentrer sur deux de ces résultats par trimestre et de recueillir des preuves d'apprentissage tout au long de leur journée à l'école.

Pour commencer, environ tous les jours pendant deux semaines, elle a demandé aux élèves d'indiquer ce que signifient, selon eux, chacune des expressions ci-dessous. Elle a consigné leurs idées et utilisé les termes des élèves pour les aider à comprendre les critères de qualité et les attentes dans chaque domaine :

1. être des apprenants autonomes (la capacité à être responsable de son propre apprentissage);

2. contribuer à une communauté (la compréhension du fait qu'il est essentiel pour les êtres humains de travailler ensemble);

3. être capables de réflexion complexe (la capacité à faire preuve de pensée critique et à résoudre un problème);

4. être des producteurs de qualité (la capacité à reconnaître les critères de qualité et à générer un rendement et des produits de qualité);

5. communiquer efficacement (la capacité à communiquer de manière efficace);

6. utiliser de manière efficace et éthique la technologie (la capacité à utiliser diverses technologies en faisant preuve d'efficacité et d'éthique).

Elle a également demandé aux élèves de réfléchir aux différents aspects que peut prendre une preuve. Elle les a incités à trouver des preuves d'apprentissage leur permettant d'illustrer à quel point ils étaient uniques. Elle leur a également expliqué qu'en raison de leurs différences en tant qu'apprenant, chacun pourrait avoir des preuves d'apprentissage qu'aucun autre n'aurait. Ensuite, à l'aide d'un résumé, elle a demandé à chaque élève de faire la synthèse (au moyen d'un texte écrit ou d'une représentation) de tout ce qu'il savait à propos de chacun des six résultats d'apprentissage généraux. Cette synthèse était intitulée « Résultats d'apprentissage - Journal numéro 1 ».

Elle a ensuite expliqué que ces résultats représentaient une partie importante de ce que les élèves devaient apprendre pour réussir dans la vie. Étant donné l'importance de ceux-ci, elle a demandé de consacrer du temps à chaque semaine pour réfléchir à ce qu'ils faisaient bien et à ce qu'ils devaient améliorer.

Les élèves étaient également invités à apporter des éléments de preuve de la maison pour débuter leurs collectes dans chaque domaine. Ils ont pris des photographies ou fait des enregistrements et si nécessaire, ils copiaient et numérisaient leurs preuves d'apprentissage. Ils dataient les éléments en question avant de les placer dans des dossiers personnels (format papier et format numérique). Chaque semaine, l'enseignante demandait aux élèves de prendre le temps de sélectionner, à partir de tous leurs travaux et toutes leurs expériences d'apprentissage, un élément de preuve (comme une photo, un enregistrement ou encore un document numérisé ou une photo d'un élément de travail) pour deux des six résultats d'apprentissage généraux. Ce processus se répétait jusqu'à la semaine précédant la fin du trimestre.

L'enseignante demandait alors aux élèves de passer en revue l'ensemble de leurs preuves d'apprentissage et de sélectionner deux résultats d'apprentissage qui seraient le point de mire du première trimestre. Elle demandait aux élèves de sélectionner des preuves d'apprentissage qui montraient ce qu'ils avaient appris au cours du trimestre : un élément du début de la periode et un élément de la fin de la periode. Ensuite, les élèves réfléchissaient aux preuves qu'ils communiqueraient aux autres à propos de ce qu'ils savaient maintenant (voir la figure 11). Ils consignaient cela par écrit sous le titre de « Résultats d'apprentissage - Journal numéro 2 ».

Figure 11 : Résultats d'apprentissage - Journal numéro 2 pour des élèves de la 6ᵉ année
Reproductible à l'annexe B (page 109)

C'est une preuve de _____ résultat d'apprentissage _____.

Je pense que c'est une bonne preuve de _____
résultat d'apprentissage _____ parce que...

Pour apprendre et m'améliorer dans ce domaine, je vais...

Je saurai que je me suis amélioré parce que...

Au début du trimestre suivante, l'enseignante expliquait que, même s'ils allaient continuer de recueillir des preuves d'apprentissage concernant l'ensemble des résultats d'apprentissage généraux, ils devraient sélectionner un seul résultat d'apprentissage en tant qu'objectif pour le trimestre à venir. Les élèves consignaient cet objectif et passaient en revue les preuves d'apprentissage se trouvant déjà dans leur collecte pour ce résultat d'apprentissage. Ils décrivaient ensuite à quoi pourraient ressembler ces preuves une fois qu'ils se seraient penchés sur le domaine choisi. Cette description était intitulée « Résultats d'apprentissage - Journal numéro 3 ».

Chaque semaine, l'enseignante continuait de donner du temps aux élèves pour passer en revue les résultats et leur collecte de preuves d'apprentissage. Elle les aidait à présenter aux autres élèves les preuves d'apprentissage qu'ils recueillaient en lien avec leur objectif et à leur demander des rétroactions précises. Elle leur demandait aussi de déterminer s'ils avaient atteint ou non leur objectif.

À la fin du deuxième trimestre, le processus se répétait avec les élèves. Ils sélectionnaient leurs meilleures preuves pour deux résultats d'apprentissage et préparaient leur réflexion. Un document reproductible du cadre de planification de l'élève peut être consulté à la page 75 de l'ouvrage intitulé *L'autoévaluation et la détermination des objectifs* (Gregory, Cameron et Davies, 2011b).

Lorsque l'enseignante décidait de répéter ce processus, celui-ci est passé d'une cette collecte de preuves d'apprentissage à un portfolio. Ce processus était répété après chaque trimestre jusqu'à la fin de l'année. Les élèves sélectionnaient alors les principaux éléments de travail démontrant le mieux leur cheminement en tant qu'apprenants.

Résumé

Au fil de la lecture de ces récits, vous avez pu vous rendre compte de l'applicabilité de ces démarches aux différents niveaux scolaires et aux différentes disciplines. Pour résumer, les étapes relatives aux collectes de preuves et aux portfolios axés sur les compétences sont les suivantes :

1. Sélectionnez les trois ou quatre compétences transdisciplinaires sur lesquelles vous souhaitez vous concentrer.

2. Expliquez l'objectif du portfolio et le public visé.

3. Déterminez quand, au cours du trimestre ou de l'année, vous ferez des pauses pour donner le temps aux élèves de sélectionner leurs preuves d'apprentissage.

4. Décidez d'utiliser un format papier ou numérique, et déterminez à quoi ressemblera le produit final. Gardez toujours à l'esprit le caractère durable et simple de ce processus.

5. Fournissez des descriptions des critères de qualité pour chaque compétence par l'intermédiaire d'une coconstruction de critères créés par l'enseignant ou d'une combinaison des deux.

6. Déléguez progressivement la responsabilité et modélisez le processus de sélection ainsi que la réflexion qui l'accompagne. Exercez-vous ensemble, en continuant de « réfléchir à haute voix » pendant le processus de sélection des preuves.

7. Faites une pause et donnez le temps aux élèves de sélectionner des preuves ainsi que de rédiger et de consigner leur réflexion à propos de la manière dont ceux-ci démontrent que la compétence a été atteinte.

8. Répétez le processus trois à quatre fois. Plus ce processus est intégré au cycle d'apprentissage, plus il permet aux élèves d'apprendre. Plus il est intégré à l'apprentissage quotidien, moins de temps sera nécessaire à la « répétition » en vue de communiquer le contenu du portfolio avec un public cible.

Réflexion et mise en application

Dans ce chapitre, vous avez pu lire trois récits (école secondaire, école intermédiaire et école élémentaire). *De quelle manière ces récits peuvent-ils vous éclairer et éclairer votre travail, en fonction de votre contexte, de votre discipline et du niveau scolaire dans lequel vous enseignez?* Par exemple, une école secondaire technique ou professionnelle a demandé à tous les élèves de créer un portfolio axé sur les compétences basé sur le Profil des compétences en innovation du Conference Board du Canada, quel que soit leur programme. L'accent était mis sur trois domaines notamment, les habiletés, les attitudes et les comportements nécessaire :

- pour susciter des idées;

- pour prendre des risques calculés et être animé par l'esprit d'entreprise;

- pour établir et entretenir des relations favorables à l'innovation.

Au moyen des critères décrits par le Conference Board du Canada, les élèves devaient trouver des preuves d'apprentissage liées à chacun de ces trois domaines une fois par semestre tout au long des quatre années passées au sein de cette école secondaire.

4. Collectes de preuves d'apprentissage et portfolios axés sur la progression

Objectif : Voici où j'en suis. Quelle est la prochaine étape?

Cette collecte de preuves ou ce portfolio sont conçus pour montrer ce que peut faire l'élève à ce stade par rapport à un continuum ou à une progression d'échantillons. En raison de cela, ce type de collecte ou de portfolio s'appuie sur le développement, montre les apprentissages au fil du temps et fait apparaître « l'étape qui vient juste après ». Les échelles d'évaluation descriptives, lorsqu'elles sont utilisées comme il se doit et lorsqu'elles sont soutenues par des échantillons, peuvent représenter une forme de grille de progression qui sous-tend ce type de portfolio, comme pourrait l'être un continuum d'écriture composé de 27 échantillons. L'objectif de la collecte de preuves ou d'un portfolio axés sur le cheminement consiste à porter un regard vers l'avenir et à montrer le cheminement vers l'expertise tout en permettant une communication continue du rendement. Étant donné que les échantillons et les descripteurs ont fait l'objet d'une modération de la part des enseignants et sont présentés de façon explicite ceux-ci, les élèves ont la possibilité de devenir plus rapidement autonomes. Enfin, ces renseignements ne demeurent plus, uniquement dans la tête de l'enseignant.

Conçus pour les élèves, les enseignants et les parents, les collectes de preuves et les portfolios axés sur la progression aident tous les intervenants à comprendre quelle sera la prochaine étape de l'apprentissage. Ils comprennent des échantillons de travaux datés par l'élève en lien avec sa progression, une réflexion de l'élève expliquant sa sélection et un énoncé d'objectif précis pour les prochaines étapes. Il semble raisonnable d'utiliser ce type de collecte de preuves ou de portfolio lorsque l'enseignement est organisé autour d'une vision de l'apprentissage axée sur le développement ou lorsqu'il s'appuie sur une série d'échantillons, une représentation visuelle de la progression ou une échelle d'évaluation descriptive illustrée et bien formulée.

Les récits qui suivent sont des exemples concrets de collectes de preuves et de portfolios axés sur la progression. Vous trouverez un récit provenant d'une école secondaire, un autre d'une école intermédiaire et un dernier d'une école élémentaire. Ils figurent dans le présent ouvrage pour illustrer ce qu'il est possible de faire dans les classes d'aujourd'hui. Lisez-les pour stimuler votre réflexion et vous aider à trouver des idées. Chaque exemple peut être adapté aux différents niveaux scolaires et aux différentes disciplines.

Pendant que vous lisez ces récits, pensez à vous poser les trois questions suivantes :

Figure 12 : Élément à insérer dans le portfolio comprenant le rapport de laboratoire, l'échelle d'évaluation descriptive et la réflexion de l'élève

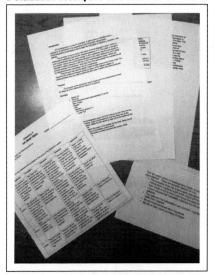

1. Que me rappelle ce témoignage?

2. Quelles occasions offre le présent récit pour mes pratiques pédagogiques?

3. Que devrais-je faire pour que cela fonctionne pour moi, mes apprenants et le contexte dans lequel nous évoluons?

Témoignage : École secondaire

Une enseignante de chimie dans une école secondaire a fourni à ses élèves une grille de rendement qui soulignait la progression de la qualité des rapports de laboratoire scientifique. Chaque niveau présentait un échantillon pour mieux faire la démonstration du niveau de qualité en question. Les élèves comparaient un rapport de laboratoire scientifique qu'ils avaient sélectionné à partir de leurs propres travaux effectués pendant le trimestre à la grille de rendement pour déterminer où il se situait par rapport à celle-ci. Les élèves écrivaient ou bloguaient à propos des raisons pour lesquelles le rapport de laboratoire scientifique choisi illustrait le mieux ce niveau sur la grille de rendement. Ils consignaient ensuite les prochaines étapes qu'ils devaient franchir pour atteindre la qualité requise (voir la figure 12). La collecte de preuves devenait un portfolio dès que ce processus était répété à deux reprises au cours du trimestre.

Témoignage : École intermédiaire

Un groupe d'enseignants d'une école intermédiaire a souhaité aider leurs apprenants à être socialement responsables. Ceci est devenu un objectif de l'école. Ces enseignants ont cherché en ligne une ressource pour soutenir leurs discussions. Un collègue leur avait recommandé de passer en revue les normes de performance de la Colombie-Britannique en matière de responsabilité sociale (ministère de l'Éducation, 2001). Après avoir examiné ces normes, ils ont décidé d'adapter les critères établis pour « répondre pleinement aux attentes ». Ces quatre critères étaient :

1. *Apporter une contribution à la vie de la classe et à celle du milieu scolaire;*

2. *Résoudre des problèmes de manière pacifique;*

3. *Valoriser la diversité et défendre les droits de la personne;*

4. *Exercer les droits et assumer les responsabilités propres à toute société démocratique.*

Les enseignants ont pensé que la formulation de ces critères nécessitait plus de précisions, car ils ont estimé que certains élèves ne savaient pas vraiment en quoi consistait la responsabilité sociale dans un contexte scolaire. Ils ont donc décidé de diviser les quatre critères pour partager la charge de travail. Chaque enseignant a donc pris en charge un critère pour créer un ensemble d'exemples illustrant ce critère.

Chacun des enseignants a ensuite fait part du critère en question à ses élèves. Avec les élèves, ils ont analysé la signification des termes et ont déterminé les actions qui devraient en découler. Après avoir réfléchi au « meilleur » scénario possible (répondre pleinement aux attentes), ils ont réfléchi au « pire » scénario possible. En collaboration avec les élèves, les enseignants ont rédigé une description complète pour « *commencer à répondre aux attentes* », « *être sur le point de répondre aux attentes* », et « *répondre pleinement aux attentes* » (se reporter à la figure 13 pour consulter un exemple provenant d'une classe).

Dans chaque classe et pour chaque critère, les enseignants ont réparti leurs élèves en équipes. Les équipes étaient sélectionnées au hasard et mises au défi de créer une série

Figure 13 : Contribution à la classe et à la communauté scolaire

Répondre pleinement aux attentes	Être sur le point de répondre aux attentes	Commencer à répondre aux attentes
• L'élève est généralement gentil et amical. • L'élève essaie d'être ami avec tous les autres élèves, qu'ils fassent partie du même groupe social ou non. • L'élève assume certaines responsabilités pour l'école ou la communauté et participe volontiers aux activités en classe et en groupe. • L'élève prend l'initiative en proposant de nouvelles activités en vue d'améliorer la communauté au sens large (p. ex., collectes de fonds pour des initiatives communautaires, comme une banque alimentaire).	• Il est rarement nécessaire de rappeler à l'élève d'être gentil et amical. • L'élève essaie d'être ami avec tous les autres élèves, qu'ils fassent partie du même groupe social ou non. • Il est rarement nécessaire de demander à l'élève de participer aux activités en classe et en groupe. • L'élève participe à des activités parrainées par l'école en dehors des heures de classe.	• Il faut rappeler à l'élève d'être gentil et amical. • L'élève essaie d'être un bon ami pour les autres qui lui sont proches. • L'élève participe aux activités en classe et en groupe quand on le lui demande. • L'élève participe rarement à des activités parrainées par l'école en dehors des heures de classe.
Les équipes 2 et 5 exemples de construction	*Les équipes 1 et 3 exemples de construction*	*Les équipes 4 et 6 exemples de construction*

divertissante, mais respectueuse, de deux ou trois vidéos de 30 à 60 secondes illustrant la description rédigée pour « commencer à répondre aux attentes », « être sur le point de répondre aux attentes » et « répondre pleinement aux attentes » pour chaque critère.

Une fois les modèles créés, ils ont été présentés aux quatre classes de manière à ce que chaque classe dispose d'une série complète illustrant chacun des niveaux des quatre critères.

Les séquences vidéo ont ensuite été montrées aux autres classes. Les élèves les ont visionnées pendant les heures de cours et ont discuté de quelle manière et dans quelle mesure ces vidéos illustraient, pour chaque critère, l'objectif de la description correspondant à chaque niveau. (Les enseignants n'ont pas demandé aux élèves de visionner individuellement ces vidéos pour éliminer tout risque de mauvais usage de celles-ci).

Tout au long de l'année, les enseignants ont continué de mettre l'accent sur ces quatre critères. Ils ont demandé aux élèves de recueillir des preuves illustrant la manière dont ils s'amélioraient pour chaque critère. Ensuite, vers la fin du trimestre qui a suivi, les élèves sélectionnaient une preuve au sein de leur collecte pour y réfléchir au moyen du cadre suivant : « *Avant, je... et maintenant, je... Ma preuve est... »*. Cette collecte de preuves est devenue un portfolio lorsque les enseignants ont décidé de répéter ce cycle tout au long de l'année.

Ce processus et ses résultats ont ensuite été présentés au reste du corps professoral de l'école. Les preuves montraient qu'un nombre plus important d'élèves comprenaient la manière socialement responsable de se comporter et d'agir et y portaient attention. Les autres membres du corps professoral ont ensuite débattu de la manière dont ils pourraient utiliser ce processus dans leur travail avec les élèves.

Témoignage : École élémentaire

Un enseignant d'école élémentaire a fourni à chaque élève, au format papier, un continuum d'écriture ou une progression d'échantillons en écriture. Cet élément avait été élaboré au préalable (dans certaines provinces, ces continuums sont mis à la disposition des enseignants et, dans d'autres, les enseignants se lancent dans un processus d'harmonisation pour construire ensemble ces continuums). Chaque élève devait mettre en évidence les descripteurs, sur la progression, des échantillons en écriture, qui décrivaient le mieux son travail. Les élèves auraient pu aussi mettre en évidence des descripteurs dans plusieurs des échantillons de progression en écriture, car le développement en écriture n'est pas un processus identique pour tous les élèves, ni aussi linéaire que peut le laisser penser l'illustration de cette progression. L'élève reliait sa rédaction à l'échantillon, dans la progression, qui y correspondait le plus, c'est-à-dire celui où le plus de descripteurs étaient mis en évidence. En parallèle, une possibilité d'autoévaluation était offerte à l'élève. L'élève expliquait pourquoi son travail correspondait à l'échantillon figurant dans la progression et indiquait également deux améliorations qui devaient être apportées (voir la figure 14). Cette collecte d'éléments de preuve devient un portfolio lorsqu'elle se répète trois à quatre fois par année.

Figure 14 : Échantillon d'écriture d'un élève et réflexion concernant sa progression

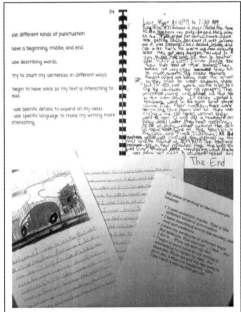

Résumé

Au fil de la lecture de ces récits, vous avez pu vous rendre compte de l'applicabilité de ces démarches aux différents niveaux scolaires et aux différentes disciplines. Pour résumer, les étapes relatives aux collectes de preuves et aux portfolios axés sur la progression sont les suivantes :

1. Présentez, à l'aide d'un support visuel ou auditif, une progression ou un continuum aux élèves.

2. Expliquez l'objectif du portfolio et le public visé.

3. Modélisez le processus requis et la métacognition nécessaire pour décider où se situe un échantillon de travail sur un continuum.

4. Exercez-vous en groupe à faire correspondre des échantillons de travail avec le continuum ou la progression.

5. Donnez aux élèves des possibilités concrètes de s'autoévaluer ou d'évaluer leurs camarades.

6. Décidez d'utiliser un format papier (comme un livret du continuum) ou numérique (comme l'application électronique SeeSaw) et déterminez en quoi consistera le produit final. Gardez toujours à l'esprit le caractère durable et simple de ce processus.

7. Faites une pause et laissez le temps aux élèves de sélectionner une preuve du début du trimestre, et de déterminer les descripteurs du continuum auquel ils correspondent le mieux. Demandez-leur d'accompagner cette preuve d'une réflexion écrite ou enregistrée justifiant comment ils ont déterminé qu'il s'agissait de la meilleure correspondance et décrivant les prochaines étapes.

8. Répétez ce processus à la fin de chaque mois ou de chaque période de communication du rendement.

Réflexion et mise en application

Dans ce chapitre, vous avez pu lire trois récits (école secondaire, école intermédiaire et école élémentaire). *De quelle manière ces récits peuvent-ils vous éclairer et éclairer votre travail, en fonction de votre contexte, de votre discipline et du niveau scolaire dans lequel vous enseignez?* Par exemple, un groupe d'enseignants d'immersion française à l'élémentaire a conçu un continuum pour illustrer le développement d'un production en communication orale. Plus précisément, ce continuum comprenait douze clips audio d'élèves s'exprimant de manière spontanée. Les élèves déterminaient l'échantillon qui correspondait le mieux à leur capacité à s'exprimer en français.

5. Collectes de preuves d'apprentissage et portfolios axés sur l'épanouissement

Objectif : Regardez où j'en étais hier et où j'en suis aujourd'hui.

Cette collecte de preuves ou ce portfolio est conçu pour montrer les progrès des élèves au fil du temps : ce que les élèves connaissent, comprennent, peuvent faire et expriment aujourd'hui par rapport à ce qu'ils connaissaient, comprenaient, pouvaient faire et pouvaient exprimer auparavant. En portant un regard sur ce qui s'est passé avant, cette collecte de preuves met en évidence le changement ou la progression de l'apprentissage en comparant un état passé (« *Avant, je...* ») à un état présent (« *Et maintenant, je...* »). Le contraste entre ces deux instantanés dans le temps clarifie l'apprentissage et permet de le visualiser. Conçu pour les élèves, les enseignants et les parents, ce portfolio donne à tous les intervenants le même moment de prise de conscience qui montre la différence entre où se trouvaient les élèves au début du trimestre et où ils se trouvent maintenant. Pour résumer, le progrès se mesure en comparaison avec le passé, tandis que la progression se concentre sur l'étape suivante.

Les élèves sélectionnent des travaux provenant du début de leur période d'apprentissage, puis à différents moments prévus par les enseignants. Souvent, les enseignants feront en sorte que la deuxième sélection d'échantillons de travaux ait lieu à la fin du trimestre et ils choisiront les catégories pour lesquelles les élèves doivent trouver des preuves. Par exemple :

- Moi au meilleur de ma forme en tant que lecteur en septembre/Moi au meilleur de ma forme en tant que lecteur en novembre

- Premier rapport de laboratoire en septembre/Dernier rapport de laboratoire à la fin du semestre

- Ce que je savais au début du module/Ce que je sais maintenant à la fin du module

Les échantillons relatifs à chaque sujet ou à chaque catégorie sont ensuite affichés côte à côte avec des titres comme *« Avant, je... Et maintenant, je... »* ou *« Avant »* et *« Après »*.

Les récits qui suivent sont des exemples concrets de collectes de preuves et de portfolios axés sur le progrès. Vous trouverez un récit provenant d'une école secondaire, un autre d'une école intermédiaire et un dernier d'une école élémentaire. Ils figurent dans le présent ouvrage pour illustrer ce qu'il est possible de faire dans les classes d'aujourd'hui. Lisez-les pour stimuler votre réflexion et vous aider à trouver des idées. Chaque exemple peut être adapté aux différents niveaux scolaires et aux différentes disciplines.

Pendant que vous lisez ces récits, pensez à vous poser les trois questions suivantes :

- Que me rappelle ce témoignage?

- Quelles occasions offre le présent récit pour ma pratique pédagogique?

- Que devrais-je faire pour que cela fonctionne pour moi, mes apprenants et le contexte dans lequel nous évoluons?

Témoignage : École secondaire

Au milieu du semestre, un enseignant de physique pure pour des élèves de 12e année leur a posé la question suivante : *« Qu'est-ce qui compte ou importe pour devenir bon en physique? »*. Ensuite, les élèves ont débattu de leur expérience en physique depuis la 11e année. Ils ont recensé les caractéristiques suivantes :

* Se sentir à l'aise malgré des réussites qui prennent du temps.
* Être conscient de ses atouts et de ses besoins.
* Poser des questions.
* Faire preuve de concentration, que ce soit en cours ou en dehors.
* Travailler en collaboration avec les autres élèves de la classe.
* Persévérer lorsqu'on a envie d'abandonner.
* Faire preuve d'esprit critique.
* Chercher à obtenir de l'aide lorsqu'on en a besoin.

Ces idées n'ont pas été classées en groupes, mais sont restées sous la forme d'une liste à laquelle se référaient l'enseignant et les élèves au cours des semaines d'enseignement qui ont suivi.

Au cours de la deuxième moitié du semestre, l'enseignant a fait trois pauses. Les élèves ont consacré une partie de cette période à passer en revue les travaux contenus dans leur classeur en ayant pour objectif de rechercher des preuves correspondant aux descriptions qu'ils avaient précédemment produites. Plus précisément, on leur a demandé de trouver une preuve pour trois des énoncés figurant dans la liste. Ils ont placé ces preuves dans un dossier conservé dans un tiroir du classeur de l'enseignant.

Non seulement les travaux étaient placés dans ce dossier, mais chaque échantillon comprenait une autre feuille de papier où figuraient les motifs expliquant pourquoi les élèves estimaient que l'élément de travail en question représentait au mieux la caractéristique figurant dans la liste. Par exemple, une élève a rassemblé 15 pages qui documentaient sa compréhension croissante de l'utilisation de la loi de Coulomb pour résoudre les problèmes liés à deux charges ponctuelles impliquant une force électrique, une charge et une distance de séparation. L'élève indiquait que cela démontrait bien que non seulement elle avait persévéré, mais qu'elle n'était pas dérangée par le temps pris par cette réussite. Elle poursuivait en expliquant que, pour elle, ces problèmes précis étaient compliqués, car elle avait des difficultés à comprendre le concept. Les quelques premières pages montraient que ses tentatives de résolution de problèmes étaient modestes. Plus on avançait dans les preuves, plus ses réponses étaient complètes et précises.

À la fin du semestre, l'enseignant a utilisé ces portfolios pour déterminer 15 % de la note finale. Il a expliqué que les preuves contenues dans ces portfolios étaient étroitement liées à la description des grandes idées exprimées dans l'introduction de son curriculum. Il a examiné chaque portfolio pour déterminer la mesure dans laquelle les preuves sélectionnées correspondaient aux caractéristiques désirées ainsi que la profondeur des réflexions qui les accompagnaient. De plus, les élèves de 12e année ont présenté ces portfolios aux élèves de physique de 11e année dans le cadre d'entretiens individuels de manière à ce que ces derniers comprennent mieux les attentes du programme de 12e année et la rigueur dont il faut faire preuve (voir la figure 15).

Figure 15 : Élève décrivant les raisons pour lesquelles un travail a été sélectionné pour représenter une caractéristique. Chaque élément de travail est accompagné d'une description de la manière dont il correspond à la caractéristique qu'il est censé représenter au mieux.

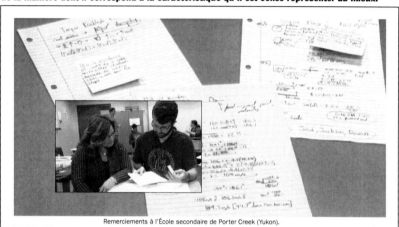

Remerciements à l'École secondaire de Porter Creek (Yukon).

Témoignage : École intermédiaire

Dans le cadre d'un cours d'initiation à l'art, une norme clé veut que les élèves discutent de leurs travaux et de ceux des autres, les analysent et les interprètent en ayant pour objectif de se forger un œil critique et averti. L'enseignante voulait que les élèves prouvent qu'ils étaient en mesure de chercher à obtenir des rétroactions critiques qui les aideraient à perfectionner leur travail.

Elle a expliqué aux élèves qu'ils auraient à prendre des photos ou à numériser leurs premiers travaux, à chercher à obtenir des rétroactions auprès de leurs pairs et de leur enseignante, puis d'apporter des modifications en fonction des rétroactions reçues. Elle leur a également expliqué que leur portfolio contiendrait aussi trois autres sections, mais que c'était sur la première section qu'ils travailleraient. Les élèves disposaient d'un espace dans la pièce pour stocker leurs « travaux en cours » ainsi que leurs preuves physiques et numériques.

Certains élèves étaient novices dans cette discipline, alors que d'autres avaient déjà eu des expériences sous diverses formes; pourtant, tous étaient censés afficher des améliorations importantes.

Au cours de la première partie du trimestre, les élèves ont créé dans la classe une série de dessins portant sur des sujets qui les intéressaient. En suivant un protocole précis, ils ont cherché à obtenir des rétroactions détaillées de la part de leurs pairs (Noack, 2013). Ces rétroactions étaient ensuite utilisées pour améliorer leurs dessins en cours ainsi que leurs prochains dessins. À intervalles réguliers, ils prenaient des photos ou numérisaient leurs travaux. Les élèves étaient invités à passer régulièrement en revue leurs photos et à choisir des échantillons qui montraient, par contraste, l'écart de qualité entre ces travaux découlant du fait qu'ils avaient écouté et appliqué les rétroactions des autres.

Les élèves continuaient d'utiliser ce protocole de rétroaction pour approfondir leur expérience en analysant et en interprétant avec un œil critique leurs propres travaux et ceux des autres.

Figure 16a : Élève sélectionnant un élément de travail artistique pour l'insérer dans le portfolio numérique

Figure 16b : Saisie d'écran des dossiers numériques d'un élève utilisés pour chaque trimestre du cours

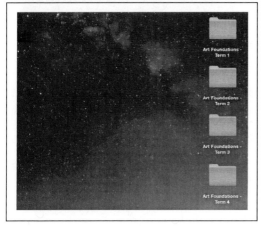

À mesure que les élèves passaient en revue leurs travaux, on leur demandait de déterminer de quelle manière ils s'étaient améliorés grâce aux rétroactions fournies par les autres. Le cadre sur lequel s'est appuyée l'enseignante pour le travail des élèves était le suivant : « *Alors que vous observez mon travail, merci de remarquer... En résumé, avant, je... et maintenant, je... ».* Pour se préparer à faire la synthèse de leurs apprentissages, les élèves passaient en revue, vers du trimestre, l'ensemble de leurs échantillons de travaux et sélectionnaient des éléments clés du début du trimestre et du processus afin de démontrer leur progrès au fil du temps (voir les figures 16a et 16b).

L'enseignante a utilisé ces preuves pour éclairer le processus de notation à la fin du trimestre. Les élèves montraient également leur portfolio à leurs parents et à d'autres intervenants pour leur communiquer la preuve de leur apprentissage et de leur amélioration.

Témoignage : École élémentaire

Un enseignant de 1re année a choisi de demander aux élèves de recueillir des preuves d'apprentissage pour les domaines de la lecture, de l'écriture, de la numératie et pour une catégorie de leur choix. À l'aide d'une application (p. ex., SeeSaw, Evernote, Fresh Grade, Showbee), un échantillon de septembre était publié pour chaque domaine. En lecture, une vidéo des élèves en train de lire un livre et de raconter ce que contenait le texte a été enregistrée alors qu'ils étaient au meilleur de leur forme. Les élèves ont visionné la vidéo et enregistré un commentaire oral à propos de ce qu'ils avaient fait de bien, selon eux, par rapport aux critères coconstruits (ces critères avaient été créés en collaboration avec les élèves de manière à répondre à cette question : « *Qu'est-ce qui compte lorsque nous lisons bien? »).*

**Figure 17 : Publications de textes écrits en septembre et
en novembre par un élève de 1ʳᵉ année (sur Seesaw)**

Remerciements à la Division scolaire Louis-Riel (Manitoba)

Des produits étaient également téléchargés pour les trois
autres catégories, et s'accompagnaient d'une réflexion orale.
En novembre, la première série d'échantillons a été étiquetée
« *Avant, je...* ». D'autres échantillons ont été sélectionnés pour
démontrer l'apprentissage des élèves à ce stade. Cette série
a été étiquetée « *Maintenant, je...* ». Les élèves ont utilisé
ce portfolio dans le cadre de leur conférence élève/parents/
enseignant (voir la figure 17).

Résumé

Au fil de la lecture de ces récits, vous avez pu vous rendre
compte de l'applicabilité de ces démarches aux différents
niveaux scolaires et aux différentes disciplines. Pour résumer,
les étapes relatives aux collectes de preuves et aux portfolios
axés sur le progrès sont les suivantes :

1. Sélectionnez les sujets, les modules d'études ou les
   grandes idées sur lesquels vous envisagez de vous
   concentrer.

2. Expliquez l'objectif du portfolio et le public visé.

3. Décidez d'utiliser un format papier ou numérique, et déterminez à quoi ressemblera le produit final. Gardez toujours à l'esprit le caractère durable et simple de ce processus.

4. Recueillir un échantillon de référence ou initial dès le début de l'année, du trimestre, ou du module d'enseignement.

5. Décrivez clairement la destination ou la cible d'apprentissage pour les élèves.

6. Fournissez des descriptions des critères de qualité au moyen d'exemples, de la pratique guidée, d'échantillons et de critères coconstruits.

7. Déléguez progressivement la responsabilité et modélisez le processus de sélection ainsi que la réflexion qui l'accompagne. Exercez-vous ensemble, en continuant de « réfléchir à haute voix » pendant le processus de sélection des preuves.

8. À la fin du trimestre ou du module d'enseignement, faites une pause pour laisser le temps aux élèves de sélectionner les preuves qui démontrent ce qu'ils savent, ce qu'ils comprennent, ce qu'ils font et ce qu'ils disent de manière à prouver qu'ils ont fait du progrès le domaine en question.

9. Positionnez côte à côte les échantillons « *Avant, je...* » et « *Maintenant, je...* » dans le portfolio. Demandez aux élèves de réfléchir à la différence et de la décrire.

10. Réitérez ce processus pour chaque sujet, chaque module ou chaque grande idée abordée.

Réflexion et mise en application

Dans ce chapitre, vous avez pu lire trois récits (école secondaire, école intermédiaire et école élémentaire). *De quelle manière ces récits peuvent-ils vous éclairer et éclairer votre travail, en fonction de votre contexte, de votre discipline et du niveau scolaire dans lequel vous enseignez?* Par exemple, un enseignant d'éducation physique a adapté ces idées et défini à quoi correspondaient le progrès et le développement pour les différents domaines étudiés au cours du trimestre. Il a accordé du temps aux élèves pour leur permettre de travailler ensemble à la collecte de clips vidéo sur leur apprentissage et leurs activités dans le gymnase. Ils utilisaient ensuite ces séquences vidéo avec d'autres documents personnels pour démontrer à l'enseignant en quoi leurs habiletés évoluaient au fil du temps.

6. Collectes de preuves d'apprentissage et portfolios axés sur le cheminement

Objectif : Je suis prêt. J'en ai la preuve. Voici ma meilleure preuve.

Cette collecte de preuves et ce portfolio sont conçus pour démontrer et souligner les réussites de l'élève et prouver que ce dernier est prêt à passer à l'étape suivante, qu'elle soit (trimestre suivant, année suivante, nouvelle tâche, intégration d'un établissement postsecondaire). Ce portfolio peut être utilisé pour convaincre et persuader d'autres personnes que l'élève « a tout ce dont elles ont besoin ».

La collecte de preuves et le portfolio axés sur le cheminement se concentrent sur la présentation de soi-même aux autres. C'est un document à l'honneur de soi-même décrivant qui « je suis dans ce monde ». Il s'agit d'un exercice d'autopromotion favorisant la résilience et la connaissance de soi. Ce document donne aux élèves l'occasion de prévoir un format en ayant à l'esprit un public cible particulier : d'autres élèves, l'enseignant, les parents, la communauté, ou toute autre personne pouvant souhaiter en savoir plus sur les réussites de l'élève.

Habituellement conçu en collaboration entre les élèves et les enseignants, le portfolio axé sur le cheminement contient des preuves qui montrent l'élève sous son jour le plus flatteur. Les catégories peuvent être négociées ou imposées par l'enseignant, d'après une estimation du public cible et de ce que ce public doit savoir sur l'élève en tant qu'apprenant. Une collecte de preuves ou un portfolio axé sur le cheminement semble particulièrement adapté en fin d'apprentissage, car c'est un bon moyen pour parachever et célébrer ce qui a été accompli.

Les récits qui suivent sont des exemples concrets de collectes de preuves et de portfolios axés sur le cheminement. Vous trouverez un récit provenant d'une école secondaire, un autre d'une école intermédiaire et un dernier d'une école élémentaire. Ils figurent dans le présent ouvrage pour illustrer ce qu'il est possible de faire dans les classes d'aujourd'hui. Lisez-les pour stimuler votre réflexion et vous aider à trouver des idées. Chaque exemple peut être adapté aux différents niveaux et aux différentes disciplines.

Pendant que vous lisez ces récits, pensez à vous poser les trois questions suivantes :

1. Que me rappelle ce témoignage?

2. Quelles occasions offre le présent récit pour ma pratique pédagogique?

3. Que devrais-je faire pour que cela fonctionne pour moi, mes apprenants et le contexte dans lequel nous évoluons?

Témoignage : École secondaire

Plusieurs enseignants d'une école secondaire ont aidé leurs élèves à déterminer le meilleur moyen de mettre en évidence leurs compétences à la fin de l'année tout en réfléchissant à la suite de leur parcours après l'école secondaire. Ils ont demandé aux élèves de réfléchir à la manière dont ils pourraient concevoir une collecte de preuves (un portfolio) qui pourrait également s'avérer utile pour poser sa candidature dans un établissement postsecondaire ou postuler pour un emploi.

Après avoir aidé les élèves à comprendre l'objectif du portfolio, les enseignants ont organisé une séance de remue-méninges avec ceux-ci pour déterminer tous les publics possibles pour leurs portfolios. Ils ont regroupé les différents publics cibles en catégories puis ont travaillé en groupes pour dresser une liste des types de preuves pouvant intéresser chaque catégorie de publics. Enfin, ils ont réfléchi ensemble aux différents formats possibles pour présenter leurs preuves, comme un portfolio, un site Web, une vidéo, etc.

Une fois que les élèves avaient disposé de suffisamment de temps pour envisager et sélectionner des publics et des formats, les enseignants faisaient une pause pour demander aux élèves de se poser la question suivante : « *Qu'est-ce qui, dans un portfolio, permet de démontrer à une personne à l'extérieur de l'école que je suis un apprenant?* ». Cette question donnait lieu à une autre liste d'idées qui étaient regroupées et triées en fonction de certains critères (Gregory, Cameron et Davies, 2011a, p. 31). La liste unique de critères qui résultait de ce processus était facile à gérer pour les enseignants (les mêmes critères pour tout le monde), mais suffisamment flexible pour que la collecte de preuves de chaque élève puisse être examinée et évaluée (voir la figure 18). Voici trois exemples de la manière dont les élèves ont relevé ce défi.

1. L'un des élèves a créé un site Web comprenant une sélection de ses projets de fin d'année, accompagnée de photographies de lui-même alors qu'il faisait du bénévolat et d'une courte vidéo illustrant les activités qu'il avait menées au service de sa communauté. Il a montré sa collecte de preuves à une personne qui avait de l'expérience avec le processus de sélection mis en

place par l'établissement dans lequel il souhaitait être admis. L'enregistrement de cette conversation et la rétroaction ainsi obtenue faisaient partie de l'ultime collecte de preuves soumise.

2. Une autre élève a analysé les connaissances, les compétences et les attitudes requises pour faire carrière dans le domaine qu'elle avait choisi et a sélectionné des preuves correspondant à quatre des principaux enjeux qu'elle avait recensés. Elle a également interrogé une personne travaillant dans ce domaine et lui a demandé de passer en revue son portfolio pour déterminer ce qu'elle devait conserver, ce qui ne semblait pas utile et ce qui devait y être ajouté. Un enregistrement de cette conversation et du cycle de rétroaction connexe était inclus dans la collecte de preuves soumise.

3. Un autre élève a recueilli des preuves à l'apprentissage d'une nouvelle compétence à l'extérieur de l'école (à savoir souder) et a conservé un dossier sur cette expérience, accompagné de photographies. L'élève a mené un entretien avec la personne qui lui avait appris cette nouvelle compétence. Il lui a demandé ce qu'il avait démontré pour prouver qu'il possédait une volonté et une capacité d'apprendre ainsi que ce qu'il pouvait faire de plus pour s'améliorer. L'enregistrement de cette conversation a été soumis aux enseignants, en plus d'autres preuves.

Au cours du processus, les élèves ont eu de nombreuses occasions de rencontres en tant que classe, en petits groupes et individuellement pour donner et recevoir des rétroactions en lien avec les critères. Les rétroactions donnaient aux élèves des idées précises à propos de la manière dont ils pouvaient peaufiner leur collecte de preuve et leur portfolio. Avant de terminer le portfolio, les élèves utilisaient le même cadre pour chercher à obtenir des rétroactions de la part de personnes extérieures à la classe. Ce processus a permis aux élèves de profiter de précieuses occasions de rendre la collecte de preuves pertinente et adaptée à leurs futurs projets. Il a également donné aux enseignants la possibilité de s'assurer que les élèves soient soutenus pendant le processus et qu'ils aient du succès avant l'examen de leurs portfolios.

Figure 18 : Critères coconstruits pour le portfolio axé sur le cheminement

Critères	Détails (Le portfolio...)
Le format que j'ai choisi permet aux autres de comprendre qui je suis aujourd'hui.	• contient des artefacts très divers; • est facile à consulter; • montre ma personnalité de manière originale, inhabituelle ou créative; • permet aux autres de comprendre qui je suis aujourd'hui; • est convivial; • présente un format professionnel; • contient très peu d'erreurs.
Mes réflexions reflètent précisément, clairement et profondément qui je suis aujourd'hui.	• fait un lien entre mon apprentissage et mes plans pour la période suivant immédiatement l'obtention de mon diplôme; • comprend une réflexion sur moi-même; • contient des preuves accompagnées d'une description qui les explique; • illustre une capacité à communiquer de manière claire; • explique comment les artefacts sont liés aux objectifs d'apprentissage; • dresse un portrait précis de ma personnalité; • contient des détails précis et pertinents; • donne un aperçu de moi-même.
Mes sélections démontrent que j'ai atteint mes objectifs d'apprentissage.	• contient des artefacts solides; • fait porter l'attention sur des apprentissages clés; • recense mes atouts et les domaines qui peuvent être améliorés; • montre que ce que j'ai appris est concret; • comprend une détermination des objectifs; • démontre clairement que les objectifs d'apprentissage ont été atteints; • comprend des suggestions d'épanouissement et d'amélioration.

Témoignage : École intermédiaire

Au début de l'année, une équipe d'enseignants a décidé que les élèves participeraient à une entrevue de fin de parcours à l'école intermédiaire et qu'ils feraient une présentation (tâche sommative) en guise de transition vers l'école secondaire. Ainsi, les élèves feraient des présentations à leurs camarades de classe, à leurs enseignants, aux membres de leur communauté et aux membres du personnel de leur future école afin de réfléchir à ce qui suit :

- Qui suis-je?

- De quelle manière est-ce que je souhaite que les autres me voient?

- Voici l'un de mes souvenirs de l'école les plus marquants...

- Qu'ai-je appris à propos du monde qui m'entoure et de moi-même en tant que lecteur, rédacteur, scientifique, chercheur en sciences sociales, artiste, musicien, mathématicien ou sportif?

- Que devraient savoir et connaître mes futurs enseignants et ma future école à mon sujet et au sujet de ma façon d'apprendre?

- Quelles sont les compétences dont je dispose que je pourrais enseigner au groupe?

Ces domaines correspondaient aux attentes des curriculums et structuraient le « processus de planification à rebours » dans lequel s'étaient engagés les enseignants.

L'objectif de ces entrevues de fin de parcours et de ces présentations comprenait trois volets :

- donner aux élèves la possibilité de réfléchir aux compétences acquises et à celles qu'ils développent tout au long de leur scolarité;

- donner aux élèves les moyens d'exercer leur technique d'entrevue dans une situation authentique;

- inviter les élèves à communiquer leurs apprentissages à la communauté au sens large.

Tout au long de l'année, les élèves gardaient par écrit des réflexions et recueillaient des éléments de preuves afin de documenter leur parcours à l'école intermédiaire. Ils ne se préparaient pas à ces entrevues ni à ces présentations au cours des dernières semaines d'école. Au lieu de cela, à certains moments pendant l'année et dans différentes disciplines, les élèves avaient l'occasion de préparer, de peaufiner et d'organiser leurs preuves. Il est important de noter que les élèves avaient vu des séquences vidéo d'anciennes entrevues et présentations, et que les enseignants suivaient de près les réflexions et les écrits des élèves tout au long de l'année. Certains élèves avaient besoin de plus d'appui que d'autres. Cela permettait de veiller à ce qu'aucun élève ne soit pris de court lors des dernières semaines d'école parce que peu avait été fait tout au long de l'année.

À la fin de l'année, des horaires étaient créés de manière à ce que les élèves disposent de 25 à 30 minutes pour discuter de leurs réponses aux cinq questions et pour avoir la possibilité d'enseigner une compétence au groupe (p. ex. énoncer une expression dans une langue étrangère, lancer un ballon de basket, préparer un sandwich au fromage fondu). Ces compétences n'étaient pas seulement liées à une chose qu'ils avaient apprise au sein ou en dehors de l'école, mais se rapportaient également aux besoins personnels de l'élève en matière de programme.

Au cours de la présentation et de l'entrevue qui se déroulaient par la suite, tous les observateurs (un groupe de neuf autres élèves, un membre de la communauté, un membre du personnel de la future école) rédigeaient une rétroaction à l'intention de l'élève (voir la figure 19). Seuls les enseignants recueillaient les preuves aux fins d'évaluation sommative et de notation.

Figure 19 : Entrevue de départ et présentation des preuves d'apprentissage et des réflexions

Remerciements à l'École intermédiaire de Arthur Day (Manitoba).

Témoignage : École élémentaire

Un enseignant de la maternelle a demandé à ses élèves de sélectionner des échantillons de leurs travaux pour s'afficher comme des lecteurs, des rédacteurs, des mathématiciens et des artistes. Avec l'aide de l'enseignant, les enfants sélectionnaient un échantillon pour chaque catégorie à la fin de chaque trimestre.

- En ce qui concerne la lecture, un cliché de chaque élève était pris alors qu'il tenait un livre, un poème ou une fiche qu'il pouvait lire et dont il pouvait parler.

- En ce qui concerne l'écriture, l'enseignant aidait les élèves à choisir une entrée dans leur journal ou tout autre élément de rédaction qui les représentaient le mieux en tant que rédacteur.

- Un format semblable était utilisé pour les mathématiques. Les élèves sélectionnaient des éléments (que ce soit des photographies ou des produits en format papier) à partir de leurs activités de résolution de problèmes.

- En ce qui concerne les arts, des autoportraits étaient dessinés et datés lors de chaque trimestre.

Ces échantillons étaient utilisés dans le cadre de conférences afin de permettre aux élèves de s'exercer et d'acquérir de l'expérience dans la collecte et la sélection d'échantillons (voir la figure 20). À la fin de l'année, les élèves étaient prêts à sélectionner leurs meilleurs échantillons et à dicter une lettre les décrivant en tant qu'apprenants à l'enseignant de l'année suivante.

Figure 20 : Élève partageant son portfolio axé sur son cheminement avec sa mere

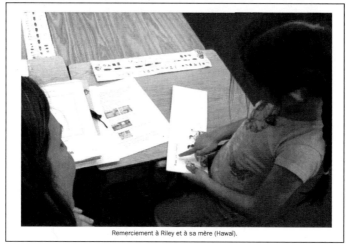

Remerciement à Riley et à sa mère (Hawaï).

Résumé

Au fil de la lecture de ces récits, vous avez pu vous rendre compte de l'applicabilité de ces démarches aux différents niveaux scolaires et aux différentes disciplines. Pour résumer, les étapes relatives aux collectes de preuves et aux portfolios axés sur le cheminement sont les suivantes :

1. Discutez des objectifs du portfolio avec les élèves.

2. Collaborez avec les élèves pour décider du public cible (enseignant de l'année suivante, employeur éventuel, établissement postsecondaire) et de ce qui pourrait être important de communiquer à celui-ci. Déterminer des catégories pour lesquelles des preuves seront recueillis.

3. Coconstruire des critères à propos des éléments qui comptent dans chaque catégorie d'après des échantillons de qualité, comme des exigences du programme postsecondaire, des descriptions d'emploi, des échantillons ou des critères fournis par l'enseignant de l'année suivante.

4. Décidez d'utiliser un format papier ou numérique, et déterminez à quoi ressemblera le produit final en fonction du public cible et des centres d'intérêts et de la créativité de l'apprenant.

5. Déléguez progressivement la responsabilité et modélisez le processus de sélection des preuves ainsi que la réflexion qui l'accompagne. Exercez-vous ensemble, en continuant de « réfléchir à haute voix » pendant le processus de sélection des preuves.

6. Faites des pauses pour donner le temps aux élèves de sélectionner des preuves qui démontrent leurs réalisations dans chaque catégorie. Demandez-leur de rédiger ou d'enregistrer une réflexion décrivant leur apprentissage et leurs réalisations.

Réflexion et mise en application

Dans ce chapitre, vous avez pu lire trois récits (école secondaire, école intermédiaire et école élémentaire). *De quelle manière ces récits peuvent-ils vous éclairer et éclairer votre travail, en fonction de votre contexte, de votre discipline et du niveau scolaire dans lequel vous enseignez?* Par exemple, une enseignante de sciences d'une école intermédiaire a demandé à ses élèves de recueillir des preuves concernant des aspects essentiels liés au fait d'être un scientifique. Au fil du temps, les élèves ont développé des critères clairs pour déterminer que ce signifiait pour eux le fait d'être un scientifique. En conséquence, l'enseignante a délibérément enseigné aux élèves comment faire des observations, comment consigner des données, etc. À la fin de chaque trimestre, elle demandait aux élèves d'utiliser leurs meilleures preuves pour affirmer de manière convaincante qu'ils étaient des scientifiques. Ces preuves étaient présentées aux parents lors des conférences élève/parents/enseignant.

7. Questions et réponses

Comment les enseignants peuvent-ils utiliser les diverses collectes de preuves pour communiquer les apprentissages des élèves?

Les enseignants ont plusieurs options pour utiliser les portfolios des élèves en tant que moyen de communication de l'apprentissage à tous les niveaux du système et à diverses fins :

- fournir de la documentation et des preuves pour l'évaluation et la communication du rendement;

- compléter les renseignements et les données à propos de l'apprentissage des élèves (par exemple, une évaluation à grande échelle);

- faire un lien, de façon explicite, entre les conférences et la communication du rendement;

- fournir des rétroactions aux élèves et aux parents à l'occasion de rencontres formelles et informelles;

- illustrer la mesure dans laquelle les élèves ont atteint les normes et les résultats d'apprentissage attendus. Les portfolios peuvent, dans certains cas, « compter » pour une partie de la note sommative;

- faciliter l'identification des élèves qui pourraient avoir besoin d'interventions, d'appuis ou de services plus approfondis et en fournir la preuve aux administrateurs et au personnel des services aux élèves;

- fournir des preuves du perfectionnement professionnel de l'enseignant et de l'atteinte des objectifs de l'école.

Comment les enseignants peuvent-ils éviter la « frénésie » de portfolios?

Lorsque les enseignants et les élèves s'arrêtent délibérément et régulièrement pour recueillir et sélectionner des preuves de leur apprentissage (par exemple, deux fois par trimestre, à la fin d'un module, quatre fois par semestre, tous les trois vendredis), ils évitent toute « frénésie » qui peut se produire lorsque ce processus est abordé de manière superficielle juste avant la période de communication du rendement ou en tant qu'étape finale et isolée dans le processus d'évaluation. En d'autres termes, en tant qu'enseignants, nous l'intégrons sciemment et de manière réfléchie dans notre conception pédagogique. Nous évitons également toute « frénésie » de portfolios lorsque nous faisons participer activement nos élèves au processus d'évaluation. Par exemple, lorsque les élèves ont participé tout au long du processus, nous n'avons pas besoin d'ajouter du temps de révision; la manière dont les élèves parlent de leur apprentissage, y participent et en font part fait simplement partie de ce qui a déjà été vu précédemment. Cette posture permet au portfolio de passer d'un simple événement ou d'une simple case à cocher à une stratégie pédagogique clé, digne du temps qui lui est consacré.

En revanche, les enseignants peuvent éviter que le portfolio devienne un « dépotoir » à la fin d'un trimestre ou d'un semestre en passant en revue régulièrement les éléments qui y sont insérés (à la fin de chaque module, deux fois par trimestre, etc.). De cette manière, les enseignants, au moment de la communication du rendement, sont déjà bien au fait du contexte et du contenu du portfolio de chaque élève.

Ce sont de bonnes idées, mais comment les enseignants motivent-ils suffisamment les élèves pour qu'ils le fassent?

Il existe de nombreux moyens pour motiver et engager les apprenants. Par exemple, les enseignants intègrent la collecte de preuves et la création d'un portfolio dans leur pratique pédagogique. Ce n'est pas un événement qui se produit uniquement à la fin d'un trimestre ou d'un semestre, cela devient une partie de ce que nous faisons en classe, par opposition à un simple « ajout ».

Les enseignants enseignent de façon explicite aux élèves comment créer leurs portfolios au lieu de simplement attendre qu'ils le fassent. En créant des environnements de classe dans lesquels les élèves prennent en main leur apprentissage (Fullan et Langworthy, 2014), on les motive également à fournir des preuves de cet apprentissage.

Lorsque les enseignants voient cette activité comme un élément à part entière du processus d'apprentissage, ils donnent l'occasion aux élèves de s'y engager. Si les enseignants envisagent uniquement la collecte de preuves et la création d'un portfolio comme un obstacle à franchir, les réactions peuvent devenir guindées et manquer de spontanéité. Lorsque les élèves comprennent l'objectif du portfolio, ils sont motivés à jouer un vrai rôle dans le processus. Enfin, lorsque les collectes de preuves et les portfolios font partie intégrante du processus d'évaluation, ils peuvent compter pour une partie de la note sommative, ce qui peut également motiver certains élèves.

Comment les enseignants utilisent-ils les portfolios et les diverses collectes de preuves de manière formative et sommative? Quel est le lien avec le bulletin scolaire?

Les collectes de preuves et les portfolios sont utilisés de manière *formative par les élèves* lorsqu'ils examinent leurs échantillons de travaux en lien avec ce qui doit être appris et lorsqu'ils déterminent leurs prochaines étapes. Ils sont également utilisés de manière *formative par les enseignants* lorsqu'ils examinent les échantillons de travaux des élèves en lien avec ce que ces derniers doivent apprendre puis lorsqu'ils confirment ou révisent leurs planification pédagogique.

Les collectes de preuves et les portfolios sont utilisés de manière *sommative* par les enseignants lorsqu'ils les examinent pour émettre un jugement professionnel quant à la quantité et à la qualité des apprentissages des élèves. Par exemple, une enseignante d'études sociales a l'école secondaire a demandé à ses élèves de tenir à jour un portfolio sur le fait d'être des chercheurs en sciences sociales. À la fin du semestre, les élèves utilisaient les preuves se trouvant dans leur portfolio pour rédiger une dernière réflexion; les élèves réfléchissaient à ce qu'ils avaient appris pendant le cours par rapport à une norme de processus et à une norme de contenus. Dans une école élémentaire, tous les enseignants ont convenu de demander aux élèves de créer des portfolios pour préparer les conférences parents/élève qui avaient lieu avant la préparation des bulletins scolaires. Dans cet exemple, la collecte continue de preuves aidait l'enseignante à adapter ses leçons quotidiennes et hebdomadaires. À la fin du trimestre, les preuves sont devenues une partie intégrante de la collecte de données examinée avant l'attribution d'une note.

Nous entendons parfois les enseignants dire qu'ils avaient retenu le commandement suivant : « Tu n'utiliseras aucune évaluation formative dans la note sommative ». Cette idée semblait raisonnable lors de nos premières analyses de l'évaluation formative lorsque l'enseignant voulait éviter que des notes accordées à des travaux visant la pratique et les exercices aient un impact négatif sur la note finale de l'élève. Après tout, les travaux pratiques représentent une période d'apprentissage. Ce n'est pas le moment d'évaluer l'apprentissage de l'élève. Cependant, étant donné que tout ce que fait, dit ou crée un élève peut représenter une preuve d'apprentissage, les travaux initiaux peuvent être envisagés comme une partie de la collecte de preuves de l'élève afin d'éclairer le jugement professionnel de l'enseignant. Par exemple, un texte rédigé au début du trimestre, même s'il n'est pas dans sa version définitive, peut fournir la preuve qu'un élève comprend l'impact du langage figuratif sur son public.

En bref, la question à se poser est la suivante : *« À quelles fins observons-nous le travail de l'élève? »*. Si c'est pour éclairer l'enseignement et l'apprentissage, alors vous utilisez les preuves à des fins formatives. Si c'est pour évaluer, alors vous utilisez les preuves pour éclairer votre jugement professionnel en vue de formuler une décision sommative (d'évaluation) concernant la quantité et la qualité de l'apprentissage des élèves (Mansell et James, 2009).

Comment les enseignants savent-ils s'ils recueillent les « bons éléments »? Et quand savent-ils qu'ils disposent de suffisamment de preuves d'apprentissage?

Toutes les structures de collectes de preuves et de portfolios dont il est question dans le présent ouvrage présentent des caractéristiques communes. Avant toute chose, les preuves sont recueillies en ayant un objectif clair à l'esprit (en lien avec des compétences, des normes, des tableaux de progression, etc.). Chaque collecte a un public. Dans tous les cas, les élèves sont le premier public et les enseignants, le deuxième. Les publics autres que les élèves et les enseignants dépendent du contexte. En réfléchissant à cette question, on doit s'interroger comme suit :

- Ton portfolio a-t-il un objectif clair?
- Les preuves correspondent-elles à l'objectif?
- Les élèves jouent-ils un rôle majeur dans le processus de collecte, de sélection, de réflexion et de réinvestissement?

En bref, si la collecte de preuves et la création de portfolios semblent réalisables selon votre contexte et si le processus appuie l'apprentissage des élèves tout en éclairant le travail des enseignants, il est probable que vous ayez les « bons éléments » en « quantité suffisante ».

Comment les enseignants aident-ils les élèves à sélectionner les « bons éléments »?

On ne peut pas attendre des élèves qui n'ont jamais eu d'expérience précédente en matière de sélection de preuves pour un portfolio qu'ils le fassent sans aucun enseignement explicite. La modélisation représente une stratégie d'enseignement puissante et, par conséquent, est recommandée pour démontrer le processus de sélection de preuves pour les élèves. En d'autres termes, rassemblez des produits, consignez des observations et recueillez des séquences vidéo ou audio illustrant un élève parlant de son travail. Modélisez comment vous examinez les preuves recueillies tout partageant votre processus de prise de décisions à voix haute. Ce faisant, vous pourriez également envisager de coconstruire des critères avec vos élèves de manière à ce qu'ils disposent d'une recension de ce qui compte au moment de sélectionner des éléments à intégrer dans une collecte de preuves ou dans un portfolio.

Tous les enseignants de notre système scolaire, de la maternelle à la 12ᵉ année, ne devraient-ils pas faire ce travail et utiliser la même structure de portfolios?

Beaucoup de gens pensent que ce serait une bonne idée. En fait, certains systèmes et certaines écoles se sont déjà lancés dans ce processus. Cependant, on découvre souvent que cela ne fonctionne pas. On pense parfois que c'est parce que les participants n'ont pas suffisamment travaillé. D'après notre expérience, rien ne saurait être plus éloigné de la vérité. Les participants travaillent très dur, mais un problème insurmontable demeure. Par exemple, « ce qui compte » à l'élémentaire se distingue de « ce qui compte » au secondaire. La maîtrise de la lecture ne signifie pas la même chose à l'école élémentaire et à l'école secondaire. Il est plus utile pour les systèmes de se débarrasser d'une structure de portfolio unique pour envisager plutôt une approche axée sur une « multitude de bonnes réponses » ou, dans le cas présent, une multitude de possibilités pour recueillir des preuves d'apprentissage et créer des portfolios. De « bonnes » collectes de preuves ou de « bons » portfolios respectent les critères ci-dessous :

- ils appuient l'apprentissage des élèves;

- ils sont simples et durables;

- ils ont un objectif clair;

- ils valorisent diverses formes de preuves d'apprentissage;

- ils responsabilisent les élèves et les enseignants à l'égard de l'apprentissage;

- ils valorisent tant les processus que les produits de l'apprentissage;

- ils engagent les élèves;

- ils éclairent la réflexion et la planification pédagogique intentionnelle et le jugement professionnel des enseignants;

- ils découlent d'un processus (recueillir, sélectionner, réfléchir, projeter) plutôt que d'être vus comme des « événements »;

- ils font intentionnellement partie d'une séquence pédagogique au cours de laquelle on n'attend pas seulement des élèves qu'ils « fabriquent un portfolio », mais plutôt qu'ils apprennent grâce à un transfert progressif de la responsabilité.

Le fait de demander une certaine cohérence semble parfois ralentir ou empêcher toute action dans ce domaine.

Qu'en est-il des élèves disposant d'un plan d'enseignement individualisé, adapté, modifié ou personnalisé?

L'objectif qui se cache derrière la création de collectes de preuves ou de portfolios pour des élèves disposant d'un plan d'enseignement individualisé, adapté, modifié ou personnalisé est très clair. Il s'agit pour ces élèves de déterminer ce qu'ils ont besoin d'apprendre en lien avec leurs objectifs d'apprentissage. Les preuves découleront des travaux que produisent les élèves à mesure qu'ils apprennent. D'une certaine manière, le processus de création d'un portfolio est le meilleur moyen de recueillir des preuves d'apprentissage, car ce processus est inclusif : tous les élèves peuvent être mobilisés dans la collecte de preuves concernant leur *propre* apprentissage.

Soyons tout à fait pragmatiques. Quand les élèves rapportent-ils leur recueil de preuves d'apprentissage et leur portfolio à la maison?

Les enseignants répondent à cette question selon leur propre contexte. Certains demandent parfois aux élèves de rapporter chaque jour ou chaque semaine à la maison ces éléments, à l'exception des principaux travaux. D'autres enseignants demandent aux élèves de conserver leurs travaux dans de « gros dossiers » ou dans des dossiers informatiques jusqu'à ce que les principaux travaux aient été sélectionnés en vue d'être intégrés dans le portfolio. D'autres encore peuvent inciter les élèves à conserver leurs échantillons de travaux de façon ordonnée et en lieu sûr, en dehors de la salle de classe. Toute décision à ce sujet sera propre à chaque enseignant. Assurez-vous seulement que cette décision soutient l'apprentissage des élèves et n'exige pas de vous que vous y passiez beaucoup de temps personnel. En ce qui concerne la gestion des preuves d'apprentissage des élèves, ces derniers doivent travailler plus fort que les enseignants.

Comment les enseignants peuvent-ils réagir lorsque des parents disent : « Ce portfolio, c'est juste des idées en l'air. Je veux savoir le résultat final, comment mon enfant reussit véritablement? »

Les parents ont des opinions diverses et variées. Certains parents souhaitent que les enseignants fassent les choses en toute simplicité. Et même si les enseignants doivent respecter l'avis des parents, de plus en plus de curriculums exigent que les élèves recueillent des preuves d'apprentissage dans diverses disciplines, qu'ils sélectionnent des preuves clés, qu'ils réfléchissent à ce que démontrent ces preuves concernant leur apprentissage et qu'ils se fixent ensuite des objectifs. Les parents peuvent avoir besoin d'aide pour comprendre que, loin d'être uniquement des « idées en l'air », les collectes de preuves sont une partie essentielle du processus d'apprentissage dans les salles de classe d'aujourd'hui.

Les parents se montrent parfois critique envers les portfolios, car ils ne savent pas quoi faire ni quel est leur rôle. Lorsqu'ils comprennent, ils ont souvent tendance à embarquer volontiers dans le processus. Alors que vous travaillez avec les parents, il est souvent utile d'avoir sous la main des échantillons de travaux de qualité à leur montrer. Il est également souvent utile de trouver des métaphores ou des exemples dans le monde à l'extérieur de l'école pour illustrer l'importance de ce processus. Bon nombre d'enseignants utiliseront le processus d'entrevue pour obtenir un emploi, les portfolios professionnels ou les processus de demande d'admission aux établissements postsecondaires pour expliquer pourquoi la collecte de preuves est importante et en quoi elle peut aider les parents à comprendre l'apprentissage de leur enfant.

Vous devrez réfléchir précisément à la manière dont vous communiquerez avec les parents à propos de la participation de leur enfant à la collecte de preuves d'apprentissage et à la création de portfolios. Un exemple de lettre est inclus à l'annexe B, à la page 110.

Les portfolios représentent une charge de travail trop importante pour les enseignants. Comment pouvons-nous les rendre plus simples à gérer?

Les portfolios peuvent représenter une charge de travail trop importante si l'enseignant estime qu'il doit les créer pour les élèves. Lorsque nous changeons notre façon de penser, nous commençons à comprendre que les élèves peuvent faire ce travail lorsque nous apportons quelques modifications au processus de construction des portfolios. Par exemple, posez-vous les questions suivantes :

1. En quoi votre structure est-elle suffisamment simple pour que votre élève le moins capable puisse recueillir et sélectionner des preuves d'apprentissage?

2. Comment avez-vous prévu du temps dans votre horaire pour donner l'occasion aux élèves de s'exercer et d'apprendre à documenter leur apprentissage?

3. Comment avez-vous intégré à votre routine de classe le processus de collecte et de sélection de preuves?

Si les élèves doivent participer à la documentation pédagogique, les enseignants commencent généralement par modéliser le processus. Les élèves sélectionnent ensuite des preuves de leur apprentissage pendant les heures de cours avec le soutien de leur enseignant et de leurs pairs. Avec le temps, les élèves arrivent à sélectionner leurs preuves de manière autonome et les montrent à leurs camarades ainsi qu'à leur enseignant. Le fait de participer à la documentation pédagogique représente une tâche d'apprentissage et, par conséquent, il est raisonnable de prendre du temps de classe pour le faire.

Les enseignants doivent aussi entreprendre ce travail de façon progressive. Voici quatre moyens pour ce faire :

- Commencez par vous-même. Tenez à jour un portfolio de votre apprentissage dans un domaine en utilisant la même structure que celle que vous envisagez d'utiliser avec vos élèves.

- Commencez de manière stratégique avec une classe, un thème, voire un petit groupe d'élèves.

- Trouvez un autre enseignant avec lequel collaborer et vous exercer. Vous vous aiderez mutuellement à rester sur la bonne voie.

- Trouvez une autre personne qui est déjà parvenue à utiliser des portfolios avec ses élèves. Apprenez de cette personne et demandez-lui de vous donner de la rétroaction.

Les portfolios devraient-ils être en format papier ou numérique?

Il y a plus d'une réponse à cette question. Ce qui importe, c'est que les élèves puissent documenter leur propre apprentissage. Cela signifie que les élèves doivent avoir suffisamment accès aux outils requis pour le faire avec succès. Dans les classes où la technologie est peu présente, l'option numérique ne sera possible que si l'enseignant fait la majeure partie du travail. Dans cette situation, nous vous recommandons de choisir la seule option viable pour les élèves, à savoir un format papier. Dans les classes où chaque élève a accès à des appareils informatiques, l'option numérique représente une excellente méthode à utiliser par les élèves.

8. Pour les leaders

Le soutien apporté aux enseignants en vue de faire participer les élèves à la collecte de preuves et à l'utilisation de portfolios est un travail important qui doit être mené avec l'appui des leaders de l'école et du système scolaire. Cet appui est efficace lorsque les leaders mettent en application ces idées dans leurs travaux de leadership pédagogique. De cette manière, nous obtenons une certaine cohérence dans l'ensemble de l'école et du système. Comme semble l'indiquer une étude récente, « [...] lorsque les leaders actualisent les principes de l'évaluation *au service de* l'apprentissage dans leur posture et leurs actions, ils exercent un leadership incroyablement puissant » [traduction] (Davies et al., 2014).

Cela peut se produire de nombreuses manières. Par exemple :

- Les membres du personnel et les leaders recueillent des preuves d'apprentissage et présentent ces preuves sous la forme d'un portfolio, dans les contextes de cheminement professionnel et de cycles d'évaluation professionnelle (Davies, Herbst et Sherman, 2016).

- L'équipe scolaire recueille des preuves d'apprentissage en lien avec les objectifs de l'école et sélectionne une structure de portfolio pour communiquer leur apprentissages au personnel du district scolaire et à la communauté au sens large (Davies, Herbst et Parrott Reynolds, 2012b).

- Les directeurs d'école créent des portfolios liés à un objectif de son plan d'épanouissement professionnel et les présentent aux enseignants à certains moments de l'année scolaire. Bon nombre de directeurs d'école utilisent la fin d'un trimestre ou d'un semestre pour communiquer de manière systématique leur apprentissage à leur personnel (Davies, Herbst et Parrott Reynolds, 2012a).

Pour aider les enseignants et les autres intervenants à mieux comprendre les portfolios et les collectes de preuves tout en renforçant l'expertise et l'expérience qui existent déjà en la matière, il est possible d'inviter l'ensemble du corps professoral à participer à la coconstruction, de critères en réponse à la question suivante :

Qu'est-ce qui compte et qui importe dans une structure de portfolio efficace favorisant l'apprentissage?

Se referer à l'annexe A pour consulter un processus propose.

L'étude dont il était question auparavant indique que les leaders pédagogiques efficaces ne disent pas simplement aux autres ce qu'ils doivent faire et n'apprennent pas seulement auprès d'autrui. Au lieu de cela, ils modélisent ce qu'ils attendent des autres. *De quelle manière pouvez-vous démontrer de la cohérence dans votre propre exercice du leadership?*

Conclusion

Lorsque nous demandons aux élèves de participer à la documentation des preuves d'apprentissage et à la création de portfolios, ils recueillent des preuves, ils sélectionnent des éléments de travail clés qui démontrent l'acquisition d'un domaine d'apprentissage précis, ils réfléchissent à ce que prouvent ces preuves puis ils fixent des objectifs d'apprentissage. En d'autres termes, ils font partie intégrante du processus de documentation pédagogique.

Grâce à cette participation, les élèves comprennent mieux leur propre apprentissage. Ils sont en outre en mesure de se donner à eux-mêmes des rétroactions précises et descriptives. Ce qui nous importe, c'est que la participation des élèves à la collecte de preuves et à l'utilisation de portfolios est un moyen important permettant de favoriser l'apprentissage de *tous* nos élèves.

La collecte de preuves d'apprentissage et les portfolios: l'engagement des élèves dans le processus de documentation pédagogique est un nouveau livre de la série « Savoir ce qui est important ». Cette série d'ouvrages souligne des idées pratiques qui favorisent l'engagement des élèves dans tous les aspects du processus d'évaluation en classe. Cette série comprend également les ouvrages *Établir et utiliser des critères, L'autoévaluation et la détermination des objectifs* et *Rencontres et communication de l'apprentissage*.

Annexe A : Guide pour faciliter les conversations dans des communautés d'apprentissage professionnelles

Beaucoup de choses ont été écrites à propos de la coconstruction de critères avec les apprenants. Ce processus permet à chacun d'avoir l'occasion de définir et de comprendre les critères de qualité et de maîtrise. L'ensemble du personnel, des groupes d'enseignants d'un corps professoral ou des membres d'une communauté d'apprentissage professionnelle (CAP) peuvent utiliser le processus décrit ici. Il est adapté de l'ouvrage intitulé *Établir et utiliser des critères* (2011a).

Matériel requis :

- papillons autocollants;
- marqueurs;
- feuille de papier grand format.

Première étape – Définir l'objectif (10 minutes)

- Expliquez au groupe d'enseignants qu'il va utiliser le processus de coconstruction de critères pour répondre collectivement à la question « *Qu'est-ce qui compte et qui importe dans une structure de*

Figure 1A : Échantillon de normes de collaboration

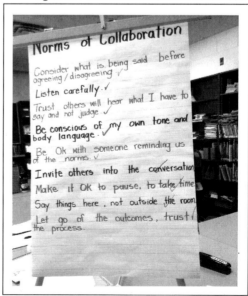

portfolio efficace favorisant l'apprentissage? ». Bien que la coconstruction de critères soit souvent associée aux élèves apprenants, c'est également un processus que les apprenants adultes peuvent utiliser pour mieux comprendre les critères de qualité et de maîtrise. Étant donné qu'il s'agit d'un processus de groupe, il débouche sur une description qui comprend les opinions et l'expertise de tous, créant ainsi un sentiment de responsabilité partagée.

- Passez en revue les normes de collaboration que les membres du groupe utilisent dès qu'ils travaillent et apprennent ensemble.

Deuxième étape – Remue-méninges (3 minutes)

- Demandez aux enseignants de prendre six ou sept papillons autocollants chacun.

- Posez une nouvelle fois la question suivante : *« Qu'est-ce qui compte et qui importe dans une structure de portfolio efficace favorisant l'apprentissage? »*.

Figure 2A : Remue-méninges à propos de la création de critères

- Demandez aux enseignants d'y répondre en inscrivant une idée par papillons autocollants. Rappelez à vos collègues d'éviter de parler, car il s'agit d'une activité individuelle. Bon nombre d'adultes ont besoin de silence pour se concentrer, et cette période de tranquillité ne durera que quelques minutes.

Troisième étape – Tri (10 minutes)

- Remerciez les enseignants d'avoir travaillé en silence et invitez-les à partager leurs idées (papillons autocollants) avec leurs collègues. Ce faisant, ils peuvent commencer à regrouper les idées semblables. Ils devraient chercher à obtenir entre trois et cinq groupes d'idées. Dites-leur qu'aucune idée ne doit être rejetée, même lorsque deux d'entre elles ont presque la même signification.

Figure 3A : Tri des idées pour les regrouper

Quatrième étape – Catégorisation (de 12 à 15 minutes)

- Demandez aux enseignants de prendre une feuille de papier pour chevalet et d'y dessiner un tableau en deux volets. Intitulez la colonne de gauche « Critères » et la colonne de droite « Détails ». Divisez la feuille en autant de lignes qu'il y a de groupes d'idées (après le tri). Placez chaque groupe de papillons autocollants dans une cellule de la colonne de droite (reportez-vous à la figure 4A). Demandez à présent aux enseignants de réfléchir aux règles qu'ils ont utilisées pour trier les groupes, car ces règles deviendront les critères qui seront positionnés dans la colonne de gauche.

- Pendant qu'ils créent chaque critère, ils utilisent les lignes directrices suivantes. Chaque critère :

  o   est une phrase ou une expression (un mot seul n'exprime pas une idée suffisamment précise);

Figure 4A : Détermination d'un critère pour chaque groupe

o   est assorti de mesures qui peuvent être prises (qui permettent de mettre en œuvre une compréhension active et d'agir par rapport à ce critère);

o   dénote un certain type de qualité (le critère nous fait passer à un niveau élevé de maîtrise).

Cinquième étape – Utilisation et révision

Les critères sont utilisés pour décrire les niveaux de qualité et de maîtrise tout en renouvelant et en améliorant la compréhension, par les enseignants, de l'efficacité des collectes de preuves et des portfolios qui favoriseront l'apprentissage. À mesure que les enseignants en apprennent plus à propos des portfolios et des collectes de preuves, qu'ils lisent des ouvrages à ce sujet, qu'ils en font l'expérience et qu'ils font participer leurs élèves, les critères sont révisés et élargis de manière à tenir compte de cette compréhension et de cette expérience de plus en plus sophistiquée.

Pour en savoir plus sur une autre manière de coconstruire des critères avec des adultes, lisez l'article qui se trouve à la page *http://www.cea-ace.ca/education-canada/article/co-constructing-success-criteria* (en anglais uniquement) par Anne Davies et Sandra Herbst.

Annexe B : Documents Reproductibles

Remarque : Les pages suivantes peuvent être reproduites pour l'utilisation en salle de classe. Afin d'agrandir celles-ci dans un format régulier, programmer le photocopieur à 145 pour cent en alignant le haut de la page du livre avec la bordure correspondante de la surface vitrée du photocopieur.

Aperçu des cinq structures pour les portfolios

Structure	Objectif	Public	Organisation
Portfolio axé sur la réussite *Suis-je encore loin du compte?* *Suis-je sur le point d'y arriver?* *J'y suis arrivé.*	Montrer une preuve d'apprentissage en lien avec des normes (résultats, attentes, etc.).	• Élève • Enseignant • Parent • Leader scolaire • Autres	Portfolio organisé conformément aux normes ou aux résultats d'apprentissage et comprenant une description de la raison pour laquelle un élément particulier illustre la réussite.
Portfolio axé sur les compétences *Je suis prêt pour l'avenir.* *Je peux transférer mes savoirs dans toutes les matières.*	Fournir la meilleure preuve démontrant que l'apprenant a acquis des compétences pluridisciplinaires précises décrites par l'enseignant.	• Élève • Enseignant • Parent	Portfolio organisé en fonction de la compétence et comprenant des exemples de la compétence pluridisciplinaire avec une description, par l'apprenant, de la raison pour laquelle l'échantillon de travaux est une bonne preuve.
Portfolio axé sur la progression *Voici où j'en suis.* *Quelle est la prochaine étape?*	Montrer ce que peut faire l'apprenant à ce stade par rapport à un continuum ou à une progression des échantillons.	• Élève • Enseignant • Parent	Portfolio organisé en fonction d'échantillons datés et joints à la progression. Il comprenant une réflexion la part de l'apprenant et son objectif pour les prochaines étapes.
Portfolio axé sur l'épanouissement *Regardez où j'en étais et où j'en suis maintenant.*	Montrer les progrès au fil du temps : ce que les élèves connaissent, comprennent, peuvent faire et expriment aujourd'hui par rapport à ce qu'ils connaissaient, comprenaient, pouvaient faire et exprimaient.	• Élève • Enseignant • Parent	Portfolio organisé en fonction d'échantillons datés de à partir du début de la période d'apprentissage et au cours des différentes périodes prescrites par les enseignants.
Portfolio axé sur le cheminement *Je suis prêt.* *J'en ai la preuve.* *Voici ma meilleure preuve.*	Montrer et souligner les réussites de l'apprenant et prouver qu'il est prêt à passer à l'étape suivante, quelle qu'elle soit (période scolaire suivante, année suivante, nouvelle tâche, intégration d'un établissement postsecondaire)	• Autres élèves • Enseignant • Parent • Communauté • Toute personne à laquelle l'apprenant souhaite se présenter.	Portfolio organisé de manière à montrer l'élève sous son meilleur jour d'après une estimation de ce que le public cible doit savoir à propos de l'apprenant.

Tiré de « Savoir ce qui est important » : La collecte de preuves et les portfolios : la participation des élèves à la documentation pédagogique, A. Davies, S. Herbst et B. Augusta,

Résultats d'apprentissage – Inscription au journal

C'est une preuve de _____ résultat d'apprentissage _____.

Je pense que c'est une bonne preuve de _____
résultat d'apprentissage _____ parce que...

Pour apprendre et m'améliorer dans ce domaine, je vais...

Je saurai que je me suis amélioré parce que...

Exemple de lettre pour les parents

© Gregory, Cameron, and Davies (2011) *Rencontres et communication de l'apprentissage, Deuxième edition*, p. 69.

(NOM DE L'ÉCOLE ET DATE)

Chers parents ou tuteurs,

Vous êtes invités à participer à une conférence, le _____

DATE

Lors de cette conférence, l'élève, les parents et l'enseignant se réuniront pour discuter des apprentissages qui ont pris place au cours du trimestre. La rencontre durera 15 minutes. Votre fille/fils a recueilli des échantillons de ses travaux et vous les présentera afin de discuter de son apprentissage.

En travaillant de concert, nous pourrons soutenir l'apprentissage de votre fille ou de votre fils. Au plaisir de vous rencontrer.

Je vous prie d'agréer,

_____
SIGNATURE DE L'ENSEIGNANT

Déroulement

Le principal objectif de la conférence est de soutenir l'apprentissage de votre fille ou de votre fils. Au cours de cette rencontre, nous pourrons :

1. Discuter de ses forces et des progrès accomplis.
2. Examiner des échantillons de travaux, puis en discuter.
3. Discuter des aspects où il y a place à l'amélioration.
4. Cibler un ou deux objectifs pour le prochain trimestre.
5. Discuter des façons de contribuer à l'atteinte de ces objectifs.

* Un résumé écrit de la conférence sera acheminé à la maison.

Veuillez retourner cette section

_____
Nom de l'élève

_____
Nom des parents ou des tuteurs

Dates souhaitées pour la rencontre

☐ _____

☐ _____

Heure souhaitée pour la rencontre

☐ _____

☐ _____

Bibliographie

Anderson, L.W. (dir.), Krathwohl, D.R. (dir.), Airasian, P.W., Cruikshank, K.A., Mayer, R.E., Pintrich, P.R., Raths, J., et Wittrock, M.C. 2001. *A Taxonomy for Learning, Teaching, and Assessing: A Revision of Bloom's Taxonomy of Educational Objectives* (édition intégrale). New York, Longman.

Ministère de l'Éducation de la Colombie-Britannique, 2001. *Normes de performance de la Colombie-Britannique – Responsabilité sociale : Document-cadre*. Victoria, C.-B. https://www2.gov. bc.ca/assets/gov/education/administration/kindergarten-to-grade-12/performance-standards/social-responsibility/f-rs-m-10.pdf

Davies, A. 2011. *Making Classroom Assessment Work*, 3e éd., Courtenay, C.-B., Connections Publishing et Bloomington, IN, Solution Tree Press.

Davies, A., Herbst, S. et Reynolds, B. 2012a. *Leading the Way to Assessment for Learning: A Practical Guide*. Courtenay, C.-B., Connections Publishing et Bloomington, IN, Solution Tree Press.

Davies, A., Herbst, S. et Reynolds, B. 2012b. *Transforming Schools and Systems Using Assessment: A Practical Guide*. Courtenay, C.-B., Connections Publishing et Bloomington, IN, Solution Tree Press.

Davies, A. et Herbst, S. 2013. « Co-constructing Success Criteria: Assessment in the Service of Learning ». *Education Canada*. Vol. 53(3), p. 16-19. http://www.cea-ace.ca/education-canada/article/co-constructing-success-criteria

Davies, A., Busick, K., Herbst, S. et Sherman, A. 2014. « System Leaders Using Assessment for Learning as Both the Change and the Change Process: Developing Theory from Practice ». *The Curriculum Journal*. Vol. 25(4), p. 567 à 592. DOI: 10.1080/09585176.2014.964276

Davies, A., Herbst, S. et Sherman, A. 2016. « Assessment for Learning: A Framework for Educators' Professional Growth and Evaluation Cycles ». In D. Laveault et L. Allal (dir.). *Assessment for Learning: Meeting the Challenge of Implementation* (p. 237-258). New York, Springer.

Fullan, M. et Langworthy, M. 2014. *A Rich Seam: How New Pedagogies Find Deep Learning*. Pearson, en collaboration avec MaRS Discovery District, ISTE et Nesta. https://www.marsdd.com/wp-content/uploads/2014/01/3897. Rich_Seam_web.pdf

Gregory, K., Cameron, C. et Davies, A. 2011a. *Établir et utiliser des critères*, coll. « Savoir ce qui est important », 2e éd., Courtenay, C.-B., Connections Publishing et Bloomington, IN, Solution Tree Press.

Gregory, K., Cameron, C. et Davies, A. 2011b. *L'autoévaluation et la détermination des objectifs*, coll. « Savoir ce qui est important », 2e éd., Courtenay, C.-B., Connections Publishing et Bloomington, IN, Solution Tree Press.

Gregory, K., Cameron, C., et Davies, A. 2011c. *Rencontres et communication de l'apprentissage*, coll. « Savoir ce qui est important », 2e éd. Courtenay, C.-B., Connections Publishing et Bloomington, IN, Solution Tree Press.

Herbst, S. et Davies, A. 2014. *A Fresh Look at Grading and Reporting in High Schools*. Courtenay, C.-B., Connections Publishing et Bloomington, IN, Solution Tree Press.

Mansell, W., James, M. et le Assessment Reform Group. 2009. *Assessment in Schools: Fit for Purpose? A Commentary by the Teaching and Learning Research Programme.* London, Economic and Social Research Council, Teaching and Learning Research Programme.

Noack, M. 2013. « Action Research and the Power of Peer Feedback ». In A. Davies, S. Herbst et K. Busick (dir.) *Quality Assessment in High Schools: Accounts from Teachers* (p. 91-101). Courtenay, C.-B., Connections Publishing et Bloomington, IN, Solution Tree Press.

Wolfe, P. 2010. *Brain Matters: Translating Research into Classroom Practice*, 2e éd., ASCD, Alexandria, VA, p. 187.

ANNE DAVIES

Figure internationale de l'évaluation *au service de* l'apprentissage, Anne Davies s'est donnée pour mission de préparer l'avenir de tous les apprenants au moyen d'une évaluation *au service de* l'apprentissage. Sa passion : aider les systèmes éducatifs, les districts scolaires et les écoles à mieux comprendre et perfectionner l'utilisation d'une évaluation *au service de* l'apprentissage. Elle applique son expertise dans le cadre du développement de pratiques d'évaluation en classe et de leadership de qualité en portant toujours une attention sincère aux éducateurs qui font tous les jours la différence en vue d'améliorer les possibilités d'apprentissage pour tous les élèves. Anne a écrit et coécrit plus d'une trentaine d'ouvrages et de ressources multimédias, ainsi que de nombreux chapitres et articles, y compris le succès de librairie intitulé *L'évaluation en cours d'apprentissage*, qui en est aujourd'hui à sa troisième édition, le guide *Leading the Way to Assessment for Learning: A Practical Guide* et, plus récemment, en collaboration avec Sandra Herbst, les ouvrages intitulés *A Fresh Look at Grading and Reporting in High Schools* et *Grading, Reporting, and Professional Judgment in Elementary Classrooms*.

SANDRA HERBST

Leader du système, auteure, conférencière, accompagnatrice, consultante et éducatrice de renom, Sandra Herbst dispose d'une grande expérience en leadership, en pensée systémique, en apprentissage des adultes et en évaluation. Elle aide les provinces, les districts et les écoles à réfléchir aux actions qu'elles mènent, à déterminer des objectifs à long terme et à planifier des stratégies pour les prochaines étapes, quel que soit l'axe de l'innovation pédagogique. Elle mobilise ses différents publics en mettant en relation les personnes avec des approches et des stratégies pratiques et réalisables tout en s'appuyant sur l'expertise et la passion qui sommeillent en chacun de nous. Elle a particulièrement été attirée par le domaine de l'évaluation *au service de* l'apprentissage en raison des résultats positifs qu'elle a pu observer dans les salles de classe, les écoles et les districts scolaires. Sandra a récemment coécrit les ouvrages *Grading, Reporting, and Professional Judgment in Elementary Classrooms* [2016] et *A Fresh Look at Grading and Reporting in High Schools* [2014] et a coédité l'ouvrage *Quality Assessment in High Schools: Accounts from Teachers* [2013]. En 2012, Sandra a collaboré à l'écriture de la série d'ouvrage intitulée « Leaders' Series » : *Transforming Schools and Systems Using Assessment: A Practical Guide* et *Leading the Way to Assessment for Learning: A Practical Guide*. Elle travaille aujourd'hui sur plusieurs projets dans les domaines du leadership et de l'évaluation.

BRENDA AUGUSTA

Brenda Augusta est enseignante, consultante, mentore, conférencière et auteure. Elle a acquis son excellente compréhension de l'évaluation, de la littératie et de la numératie au cours de ses années passées en tant que consultante en programmes d'études pour une grande division scolaire urbaine. C'est de là que lui vient son désir de soutenir les éducateurs en vue de leur rendre hommage, de les encourager et de les motiver. Cette passion n'a cessé de croître à mesure qu'elle animait l'apprentissage professionnel auprès d'écoles, de districts et d'organismes dans l'ensemble du Canada. Brenda utilise son travail continu en salle de classe de manière à s'assurer que ses écrits et ses présentations fournissent des idées pratiques, intéressantes et validées par des études qui favorisent des répercussions positives sur l'apprentissage des élèves. Coauteure du magazine *design/ed* qui donne des idées de conception aux éducateurs et aux environnements d'apprentissage, elle a également coécrit le livre destiné aux leaders intitulé *Lesson Study: Powerful Assessment and Professional Practice* qui décrit comment utiliser les principes de l'évaluation au service de l'apprentissage des adultes participant à des programmes de perfectionnement professionnel en milieu scolaire. La dernière publication de Brenda est intitulée *Making Writing Instruction Work* [2015]. Elle travaille actuellement à la rédaction d'autres ouvrages.

Resources from connect2learning

The following books and multimedia resources are available from connect2learning. Discounts are available on bulk orders.

Classroom Assessment Resources

La collecte de preuves et les portfolios : la participation des élèves
à la documentation pédagogique.. ISBN 978-1-928092-09-4

Making Physical Education Instruction and Assessment Work .... ISBN 978-1-928092-08-7

Collecting Evidence and Portfolios: Engaging Students in Pedagogical
Documentation.. ISBN 978-1-928092-05-6

Grading, Reporting, and Professional Judgment in Elementary Classrooms.. ISBN 978-1-928092-03-2

Making Writing Instruction Work .... ISBN 978-1-928092-02-5

Making Classroom Assessment Work – Third Edition .... ISBN 978-0-9867851-2-2

L'évaluation en cours d'apprentissage .... ISBN 978-2-7650-1800-1

Quality Assessment in High Schools: Accounts From Teachers .... ISBN 978-0-9867851-5-3

A Fresh Look at Grading and Reporting in High Schools .... ISBN 978-0-9867851-6-0

Setting and Using Criteria – Second Edition .... ISBN 978-0-9783193-9-7

Établir et utiliser des critères – Deuxième édition .... ISBN 978-0-9867851-7-7

Self-Assessment and Goal Setting – Second Edition .... ISBN 978-0-9867851-0-8

L'autoévaluation et la détermination des objectifs - Deuxième edition .... ISBN 978-0-9867851-9-1

Conferencing and Reporting – Second Edition .... ISBN 978-0-9867851-1-5

Rencontres et communication de l'apprentissage - Deuxième édition .... ISBN 978-1-928092-00-1

Leaders' and Facilitators' Resources

Residency: Powerful Assessment and Professional Practice .... ISBN 978-0-928092-04-9

Lesson Study: Powerful Assessment and Professional Practice .... ISBN 978-0-9867851-8-4

Leading the Way to Assessment for Learning: A Practical Guide .... ISBN 978-0-9867851-3-9

Transforming Schools and Systems Using Assessment:
A Practical Guide .... ISBN 978-0-9867851-4-6

Protocols for Professional Learning Conversations .... ISBN 978-0-9682160-7-1

When Students Fail to Learn .... ISBN 978-0-9783193-7-3

Assessment for Learning K-12 (Multimedia) .... ISBN 978-0-9783193-8-0

Assessment of Learning: Standards-Based Grading and Reporting
(Multimedia) .... ISBN 978-0-9736352-8-7

Facilitator's Guide to Classroom Assessment K-12 (Multimedia) .... ISBN 978-0-9736352-0-1

How To Order

Phone: (800) 603-9888 (toll-free North America)
(250) 703-2920

Fax: (250) 703-2921

E-mail: books@connect2learning.com

Web: connect2learning.com

Post: connect2learning
2449D Rosewall Crescent
Courtenay, BC, V9N 8R9
Canada

---

connect2learning also sponsors events, workshops, and web conferences on assessment and other education-related topics, both for classroom teachers and school and district leaders. Please contact us for a full catalogue.